SÍMBOLOS LITÚRGICOS

Frei Alberto Beckhäuser, OFM

SÍMBOLOS LITÚRGICOS

Petrópolis

© 1976, Editora Vozes Ltda.
Rua Frei Luís, 100
25689-900 Petrópolis, RJ
www.vozes.com.br
Brasil

21ª edição, 2015.

2ª reimpressão, 2023.

Todos os direitos reservados. Nenhuma parte desta obra poderá ser reproduzida ou transmitida por qualquer forma e/ou quaisquer meios (eletrônico ou mecânico, incluindo fotocópia e gravação) ou arquivada em qualquer sistema ou banco de dados sem permissão escrita da editora.

CONSELHO EDITORIAL

Diretor
Volney J. Berkenbrock

Editores
Aline dos Santos Carneiro
Edrian Josué Pasini
Marilac Loraine Oleniki
Welder Lancieri Marchini

Conselheiros
Elói Dionísio Piva
Francisco Morás
Gilberto Gonçalves Garcia
Ludovico Garmus
Teobaldo Heidemann

Secretário executivo
Leonardo A.R.T. dos Santos

Diagramação: Sheilandre Desenv. Gráfico
Capa: Ygor Moretti
Ilustração de capa: "O Cordeiro Imolado", por Frei Antônio Michels, OFM (Fr. Toni), entalhe em madeira.

ISBN 978-85-326-0319-7

Este livro foi composto e impresso pela Editora Vozes Ltda.

Em profunda gratidão ao Mestre e Confrade
Frei Tadeu Hoenninghausen, O.F.M.,
que me despertou o amor pela Sagrada Liturgia.

SUMÁRIO

Introdução, 9

Luz e trevas, 13

As abluções, 16

A água, 22

A vela, 25

O óleo, 27

A imposição das mãos, 30

A assembleia litúrgica, 33

O sinal da cruz, 39

Gestos e posições do corpo, 44

As pessoas, 53

A ceia ou o banquete, 56

O pão e o vinho, 59

As gotas de água no vinho, 62

A saudação da paz, 64

A partícula de hóstia no cálice, 66

O cordeiro, 70

O canto, 72

O silêncio sagrado, 76

O templo, 79

O altar, 81

As vestes, 83

O véu, 86

Anel-aliança, 89

A coroa (ou a grinalda) e a palma, 91

O fogo, 95

O incenso, 97

A cinza, 100

O jejum, 103

A esmola, 105

Os sinos, 108

A bênção, 110

A ceia de Natal, 112

Índice analítico, 115

Introdução

Formação litúrgica em grande parte será iniciação na linguagem simbólica. Na medida em que perdemos a capacidade de apreciar os símbolos perdemos também o gosto pelos ritos.

O que é símbolo?

Quando se diz que algo é simbólico, pensamos logo que é irreal, fantástico. Mas símbolo não é isto. Símbolo é o encontro de duas realidades numa só, símbolo é a presença da mesma realidade em outra forma. Assim, quando vemos um bolo de aniversário, pensamos na festa, quando vemos uma aliança no dedo de alguém, pensamos no casamento. Então, bolo representa festa, aliança significa amor e fidelidade e assim por diante. Símbolo pode ser um objeto, um elemento capaz de expressar de alguma maneira uma realidade que está presente, que a gente não pode expressar totalmente, mas que é mais do que a gente pode exprimir por palavras. Símbolo é um objeto, um gesto, um elemento, um movimento, uma expressão corporal, onde o que vale não é mais aquilo que é em si, mas o que exprime, o que significa. Quando um rapaz leva uma rosa para a sua noiva o que importa não é o valor da rosa em si, *mas o que a rosa significa: algo de tão profundo que o noivo não sabe definir e chama de amor. Rosa é amor. Rosa é símbolo porque revela e oculta ao mesmo tempo o amor, o mistério do amor. Podemos dizer que o símbolo é a linguagem do mistério.*

Os símbolos na Liturgia

As realidades que Deus nos quer revelar e comunicar na Liturgia são tão grandes, tão profundas e inefáveis que o homem não consegue exprimi-las por palavras. Por isso, ele recorre a uma linguagem mais profunda, aos sinais sagrados, aos símbolos.

Na Liturgia não interessam tanto os conceitos, mas as realidades. Não se trata também de realidades passadas, mas de realidades presentes que acontecem sempre de novo, como diz o grande liturgista Romano Guardini, realidades que acontecem em nós e por nós.

É como se quiséssemos ler a alma de uma pessoa no corpo e descobrir nas coisas materiais as realidades espirituais ocultas. A Liturgia é um acontecer de realidades sagradas e ocultas em forma terrena. É preciso, portanto, antes de tudo, transformar em ação vivencial aquela ação mediante a qual o homem que tem fé compreende, acolhe e realiza os sinais visíveis e sagrados da graça invisível.

No culto o homem todo procura entrar em comunhão com o seu Deus. Não só sua alma, sua inteligência. Também seu corpo. Deus se vela e se comunica não só pela linguagem falada. A água, o fogo, o ar, as nuvens, o vento, as plantas, os animais, toda a natureza fala de Deus e pode servir de linguagem para o homem. Por isso, todos estes elementos também podem servir de sinais litúrgicos que significam e comunicam a graça.

O importante em tudo isso é que deixemos os sinais falarem, que demos vida a eles, pois eles podem falar de Deus, de Cristo, de nós mesmos e de nossos irmãos. Mas não querem apenas falar destas realidades, e sim comunicar-nos com elas.

LUZ E TREVAS

Tomemos, para iniciar, o símbolo da luz e das trevas. Um símbolo nunca poderá ser completamente explicado, exatamente porque está intimamente ligado à vida do homem. Podemos apenas explicitar, desdobrar, introduzir no limiar para que a pessoa possa entrar no interior do templo e sentir toda a vivência do espaço. Assim nunca poderemos dizer plenamente o que significam a luz e as trevas.

Quando alguém nasce, dizemos que veio à luz. A mãe dá à luz. Morre alguém, falamos em fechar os olhos. Luz é vida, trevas, morte.

Sem luz não existe vida. A luz do sol dá vida a todas as coisas; por ela tudo recebe forma e colorido. O sol ilumina e aquece. A vela nos faz ver as coisas e as pessoas, a lâmpada ilumina o caminho. Que preciosidade o podermos enxergar!

Pelo fato de a luz estar tão intimamente ligada à vida a ponto de podermos dizer que é vida, o símbolo da luz torna-se tão frequente em nosso linguajar para designar as realidades mais profundas que desejamos expressar de alguma forma.

Assim, Deus é luz inacessível que faz a muitos se alegrarem com a sua luz. Cristo no Evangelho é chamado sol nascente que nos veio visitar. Para iluminar os que jazem nas trevas e na sombra da morte. A fim de dirigir os nossos passos no caminho da paz (cf. Lc 1,78-79). São João diz que no Verbo de Deus havia vida e a vida era a luz dos homens. A luz resplandece nas trevas. Esta luz era a verdadeira Luz que, vindo ao mundo, ilumina todo homem (cf. Jo 1,3-5.9). Cristo mesmo se proclama luz do mundo e quem o segue não anda nas trevas. Ele nos chamou das trevas à sua luz maravilhosa (cf. 1Pd 2,9). E Cristo diz que nós somos a luz do mundo, luz que brilha diante dos homens, para que vejam as nossas boas obras e glorifiquem o Pai que está nos céus (cf. Mt 5,14-16). Dizemos ainda que a fé é a luz que ilumina nossa vida, indicando-nos o caminho para Deus. Temos a expressão: a luz da fé.

Luz e trevas, melhor, a libertação das trevas, a passagem das trevas para a luz constitui uma vivência humana capaz de exprimir a grande realidade do mistério pascal, a passagem da morte para a vida, a passagem do pecado para a graça, do egoísmo para a generosidade, da perdição para a salvação e a liberdade.

Por esta riqueza de expressão é que o símbolo da luz ocorre com tanta frequência na Liturgia. Aí ela perde a simples finalidade de fazer com que vejamos as coisas para significar as realidades espirituais mais profundas.

Eis, então, a vela acesa na hora do Batismo, na Primeira Comunhão, na hora da morte. Eis a vela acesa do círio pascal significando o próprio Cristo que naquela noite ilumina a Igreja e os corações dos fiéis. Pensemos nas velas sobre ou ao lado do altar nas ações litúrgicas, na lamparina que bruxuleia dia e noite diante do Santíssimo Sacramento. Qual o sentido desta vela acesa? Creio que agora compreendemos melhor a linguagem da vela. A vela do recém-batizado expressa a vida nova com Deus, Jesus Cristo em sua vida, a fé. O cristão por sua vez torna-se luz do mundo.

As velas do altar? Altar significa comunhão de vida com Deus. É Deus presente em nós diante de Deus, consumindo-nos pelo amor. Desejamos permanecer sempre diante de Deus, a exemplo de Cristo, em sua atitude sacrifical, eis o sentido da lamparina diante do Santíssimo.

Como diz Romano Guardini, a vela não tem alma, mas nós deveremos dar-lhe vida, pois a vela somos nós mesmos, é a presença de Deus que se comunica a nós.

AS ABLUÇÕES

Banhar-se, lavar os pés, lavar as mãos, aspergir são ações rituais simbólicas que fundamentalmente significam purificação espiritual, condição para o homem se aproximar da divindade.

O rito de ablução encontra-se em numerosos povos. Pela ablução cultual quer-se, por um lado, tirar o impuro, o pecado, e, por outro, trazer a salvação, possibilitar nova vida.

A ablução mais abrangente é o banho como, por exemplo, no culto de Ísis entre os gregos. A aspersão deve ser considerada como um banho parcial.

Na Babilônia, antes de cada sacrifício devia-se lavar as mãos. No Antigo Testamento temos numerosos exemplos onde se lê que só os limpos podem aproximar-se de Deus. O gesto adquire mesmo uma eficácia sacramental de purificação.

Jesus se opõe às abluções meramente exteriores (cf. Mc 7,1-21) dos judeus.

1. Batismo

Contudo, no culto cristão os ritos de ablução não são excluídos. Temos em primeiro lugar o banho regenerador do Batismo, como rito de iniciação. Enquanto João batizava com água, Jesus batizará no Espírito Santo (cf. Mc 1,7). Segundo São Paulo, o Batismo é símbolo do morrer e ressuscitar com Cristo: "Todos os que fomos batizados em Jesus Cristo, fomos batizados em sua morte. Fomos, pois, sepultados com Ele na sua morte pelo Batismo, para que, como Cristo ressurgiu dos mortos pela glória do Pai, assim também nós vivamos uma vida nova" (Rm 6,3-4).

Na Igreja primitiva as pessoas eram normalmente batizadas por imersão. Entravam na piscina com água até acima dos joelhos e aí eram interrogadas três vezes a respeito de sua fé em Deus Pai, Filho e Espírito Santo. Após cada uma das interrogações a que o batizando respondia "creio", era mergulhado na água, tanto assim, que batizar significa mergulhar na água. Era, por assim dizer, batizado por três vezes. Daí compreenderemos melhor o sentido de morrer e ressuscitar com Cristo no batismo. Com o costume de batizar as crianças é que se introduziu no decorrer dos séculos o Batismo por infusão em que se derrama três vezes água sobre a cabeça da pessoa, dizendo: "N., eu te batizo em nome do Pai e do Filho e do Espírito Santo".

Nada impede que ainda hoje se batize por imersão na água. Senão vejamos o que diz o novo Ritual para o Batismo de crianças: "E o Celebrante batiza a criança, dizendo: N., eu te batizo em nome do Pai – mergulha a criança ou derrama a água pela primeira vez –, e do Filho –, mergulha a criança ou derrama a água pela segunda vez – e do Espírito Santo – mergulha a criança ou derrama a água pela terceira vez". E acrescenta a rubrica: "Se o batismo for por infusão, convém que a mãe (ou o pai) segure a criança. ...as mesmas pessoas deverão retirá-la da fonte, se o Batismo tiver sido por imersão" (n. 97).

É claro que para proceder-se dessa forma é preciso que haja condições de higiene e boa mentalização dos fiéis.

2. Lavabo (a ablução das mãos)

Ocorre na Missa e em outras ocasiões, sobretudo após ritos de unção. Muitos esperavam que após o Concílio fosse abolido o gesto de o Celebrante lavar as mãos por ocasião da preparação das oferendas na Missa, alegando o fato de não haver mais necessidade de purificar as mãos. Realmente, no caso das unções o lavar as mãos constitui também uma necessidade. No caso das oferendas na Missa não se pode falar nestes termos. Já no nosso clima tropical muitas vezes será de grande conveniência passar uma água nas mãos após ter tocado em livros ou às voltas com a transpiração. Contudo, devemos ir além deste aspecto utilitário no rito de lavar as mãos. Através de Tertuliano do início do terceiro século sabemos que os cristãos lavavam as mãos antes de qualquer oração. O rito era usado também ao entrarem nas igrejas, gesto que mais tarde foi substituído pela aspersão com água-benta, símbolo de purificação espiritual e lembrança do Batismo. Eis o sentido das pias de água-benta nas entradas das igrejas.

A ablução das mãos do sacerdote após a preparação das ofertas quer significar que somente com mãos puras e coração limpo nos podemos aproximar da realização do Sacrifício Eucarístico. É este o sentido expresso na oração que acompanha o gesto: "Lavai-me, Senhor, das minhas faltas e purificai-me do meu pecado". A prece eucarística supõe a conversão dos pecados. Por ela entramos no Santo dos Santos da Comunhão com Deus por Cristo, com Cristo e em Cristo. Recordando a Paixão do Senhor, entramos em sua atitude, criando as condições para que Deus Pai possa repetir as palavras dirigidas a seu Filho: Este é o meu Filho muito amado no qual tenho posto a minha complacência. Importa, pois, que este gesto realizado pelo Celebrante o seja de modo que não passe despercebido da assembleia e possa expressar a atitude interior da mesma. Daí a conveniência da presença de acólitos que participem dessa ablução de modo digno, com jarra de água, bandeja e manustérgio adequados.

3. Lava-pés

É o memorial do grande mandamento realizado na Quinta-feira Santa. Nos primeiros séculos era celebrado nos mosteiros pelo Abade, nas Catedrais pelo Bispo e nas cortes pelos príncipes. Houve Santos Padres que atribuíram caráter sacramental a este rito. Atualmente ele é realizado na Missa da Ceia do Senhor, na Quinta-feira Santa, após a Liturgia da Palavra. Não tem caráter obrigatório. Se razões pastorais o aconselharem, será realizado. Há regiões onde se realiza o rito do lava-pés em assembleia especial; às vezes até ao ar livre. Constitui, sem dúvida, um rito de grande plasticidade. Pode ser grandemente valorizado na linha da iniciação à prática do grande mandamento no interior da comunidade paroquial. Alguns elementos podem ajudar para que o rito incida realmente na vida da comunidade. Seja celebrado em hora conveniente, de modo que a comunidade paroquial possa de fato estar presente. Pode-se realizar o rito com alguma lembrança aos "apóstolos" como, por exemplo, um pãozinho. As toalhas para enxugar os pés poderão ostentar símbolos de vivência cristã. Bom seria que após o rito toda a comunidade realizasse um gesto de generosidade em favor da comunidade. Seria o caso de se fazer uma coleta com fim bem determinado.

4. O "asperges" e a água-benta

O rito da aspersão com água-benta no início da Missa dominical não foi abolido. Pelo contrário, constitui ótima modalidade de rito penitencial. Vejamos o que diz o novo Missal em apêndice: "Rito para bênção e aspersão da água. O rito da bênção e aspersão da água pode ser realizado em qualquer igreja ou oratório, em todas as Missas dominicais, mesmo quando antecipadas no sábado à tarde. Este rito substitui o ato penitencial no início da Missa. Depois da saudação, o sacerdote, de pé junto à cadeira, voltado para o povo, tendo diante de si a vasilha com água que vai ser abençoada, convida o povo a rezar". Segue a bênção da água com dois formulários comuns à escolha e um para o tempo pascal. Onde a situação do lugar ou tradição popular aconselharem manter o costume de misturar o sal à água, o sacerdote benze o sal e em seguida o põe na água. Tomando o aspersório, o sacerdote asperge a si mesmo e os ministros, em seguida o clero e o povo.

Cada Eucaristia dominical é celebração da Aliança batismal que se renova. Em cada Eucaristia o povo cristão revive o morrer e ressuscitar com Cristo no Batismo. Também aqui temos os dois aspectos da ablução: a purificação e a consagração ou vida nova. O povo nascido das águas do Batismo rende graças ao Senhor e é alimentado para prosseguir sua caminhada. O rito da bênção e aspersão da água realizada em assembleia eucarística poderá ajudar decisivamente numa pastoral dos sacramentais. A partir do que dissemos, o uso da água-benta não será um ato mágico, a aspersão com água-benta, melhor, persignar-se com água-benta à entrada das igrejas não será mero formalismo, mas um ato de fé na redenção adquirida por Cristo e a nós participada pelo Batismo. Será a renovação da Aliança batismal. Será também este o conteúdo que encontraremos no rito de aspersão do quarto de um enfermo quando lhe é levada a Comunhão ou se realiza a celebração da Unção: "Que esta água nos lembre o nosso batismo e o Cristo que nos salvou por sua Morte e Ressurreição". Os fiéis perceberão também melhor o sentido da água-benta que levam para suas casas.

A ÁGUA

Um Símbolo muito significativo e forte é a água. Ocorre no Batismo e na Eucaristia. Se começarmos a refletir sobre o sentido da água, veremos que eia está em íntima relação com a vida do homem. Sabemos que o homem vive os primeiros nove meses de sua existência mergulhado em água. O próprio corpo humano é constituído em grande parte de água.

Para que serve a água? Ela serve para purificar, para embelezar, para tomar banho, para refrescar, para reanimar. A água serve para tomar, matar a sede. A tal ponto ela está ligada ao homem que não podemos nem sequer viver sem a água. Sem a água não haveria nenhuma espécie de vida sobre a terra. Daí se segue que ela é uma substância essencial para a vida do homem. Podemos dizer, então, que água é vida. Eis que estamos no simbolismo da água.

A partir desta compreensão da água podemos entender melhor o sentido do Batismo e principalmente da oração da bênção da água batismal. Nesta bênção a Igreja comemora a ação de Deus na história da salvação através da água. Das águas do início do mundo surge a vida. Assim surge a nova vida das águas do Batismo.

As águas do dilúvio foram vida para os justos e morte para os maus. A água pode ser vida e morte. Assim, no Batismo morremos para o pecado e somos salvos como Noé na Igreja.

Nas águas do Mar Vermelho surgiu o povo de Deus. Elas foram vida para os israelitas e morte para o egípcios. Também das águas do Batismo nasce um povo novo para Deus, a Igreja. No Batismo morremos para o pecado e o mal e renascemos para uma nova vida. Eis por que São Paulo compara a piscina batismal com o sepulcro. No Batismo morremos com Cristo para o pecado e ressuscitamos com Ele para a nova vida.

A pia batismal na tradição da Igreja é comparada ainda ao seio materno e a Igreja à mãe que dá à luz.

Seria interessante refletir ainda sobre a água que jorrou do rochedo do deserto, as águas do Rio Jordão, o poço da Samaritana, a piscina de Siloé, a água que mana do lado aberto de Cristo; os rios de água viva que jorram para a vida eterna da qual fala Nosso Senhor.

A partir do sentido da água como símbolo de vida compreendemos melhor o gesto do sacerdote na hora da preparação das oferendas ao colocar algumas gotas de água no vinho. O povo de Deus, salvo das águas do Batismo pela fé no Sangue redentor, une-se a Cristo na oferta de si mesmo ao Pai. Para este sacrifício devemos apresentar-nos purificados de todo pecado. Eis o sentido do gesto do sacerdote ao lavar as mãos antes da Oração Eucarística.

Lembramos ainda o símbolo da água no uso da água-benta. Ela lembra, a quem a usa com fé, a purificação e a nova vida recebida no Batismo. A aspersão com água abençoada no início da Missa dominical lembra à assembleia que cada domingo constitui uma pequena Páscoa em comemoração à Páscoa do Batismo. E para se viver em profundidade o mistério da Eucaristia será necessário voltar sempre de novo à atitude de conversão vivida no Batismo. Por isso, o rito do "Asperges", conforme o Novo Missal, pode substituir o ato penitencial no início da Missa, rito que deveria ser muito mais valorizado.

Uma vez que a água tem um sentido simbólico tão profundo na vida das pessoas seria tão bom que em contato com a água do mar, dos rios, das fontes, da chuva, etc., refletíssemos sobre as realidades da fé que elas podem significar. O mal é que com a água encanada tudo se torna tão artificial. A água passa quase despercebida em nossa vida. Apesar disso, deveremos ter os olhos abertos para os símbolos que a natureza nos oferece, pois Deus e a Liturgia falam por meio deles.

A VELA

O uso litúrgico da vela é muito frequente, tornando-se por isso um símbolo bastante presente na vida cristã. Assim, a apresentação do Senhor no Templo é uma festa muito significativa entre nós. É chamada também Festa da Purificação de Nossa Senhora, ou Festa de Nossa Senhora das Candeias, isto é, das velas. Isto porque nesse dia são abençoadas as velas para a procissão, velas que depois são levadas devotamente para casa pelos fiéis. Celebra-se a festa 40 dias depois do Natal, pois, segundo o Evangelho, neste dia, Maria e José apresentaram o Menino Jesus no Templo por ser o primogênito e o resgataram pelo resgate dos pobres, ou seja, um par de rolas.

Esta festa quer antes de tudo comemorar e reviver o mistério da manifestação de Jesus Cristo no Templo, proclamado pelo velho Simeão como luz dos povos. Cristo se manifesta como a luz. Por isso, a procissão das velas e o símbolo da vela de onde surgiu também o nome de Festa de Nossa Senhora das Candeias.

A vela, símbolo da luz e da consagração, acompanha o cristão em sua caminhada por este mundo até chegar ao reino da luz. No Batismo ela significou a fé, a nova vida em Cristo, o Cristo que somos chamados a testemunhar. Na Primeira Comunhão assumimos o significado da vela, professando pessoalmente nossa fé. Usamos a vela acesa quando anualmente renovamos nossas promessas do Batismo na Vigília da Páscoa. Está presente em quase todas as celebrações litúrgicas; de modo especial na Celebração Eucarística. Na profissão religiosa ela quer significar a dedicação total a Deus e aos homens na vida da perfeita caridade. Acendemo-la em expressão de consagração ou agradecimento nos santuários. A vela está presente em nossos encontros na intimidade, como na Ceia de Natal.

Enfim, muitos se preocupam em colocar a vela acesa na mão do moribundo. Pode ser um gesto de profundo significado de fé e esperança no Cristo, luz eterna dos que morrem no Senhor e de consagração de toda a vida a Deus. Infelizmente o gesto muitas vezes não passa de pura superstição, como se fosse o auxílio espiritual mais importante na hora da morte.

A festa da apresentação de Jesus no Templo nos lembra que também nós nos devemos tornar templo de Deus, acolhendo Cristo em nossa vida. Depois da vinda de Cristo que armou sua tenda entre os homens, aboliram-se os templos de pedra para surgirem por toda a terra os templos vivos. Como Cristo foi acolhido e exaltado no Templo, a Liturgia desta festa ensina aos homens o acolhimento que devem prestar ao Salvador e à sua mãe, quando canta: "Adorna, Sião, a tua câmara nupcial! Acolhe a Cristo, teu Rei! Corre a Maria! Ela é a porta do Céu, porque nos braços tem o Rei da Glória, a Luz nova, gerada antes da aurora".

O ÓLEO

O óleo é usado com bastante frequência na Liturgia: duas vezes no Batismo, na Confirmação, na Unção dos Enfermos, na Ordenação sacerdotal, bem como na consagração de altares, cálices e outros objetos ou lugares de culto.

Para melhor descobrirmos o alcance e o significado do gesto da unção na Liturgia, precisamos recorrer ao significado do óleo no uso dos povos e na História da Salvação. Esta compreensão é de máxima importância para melhor compreendermos sobretudo os Sacramentos da Confirmação e da Unção dos Enfermos em que o óleo é considerado a matéria do Sacramento.

Infelizmente a sociedade moderna perdeu muito da compreensão do significado do óleo. É verdade que faz uso de loções, de fricções e massagens. A medicina popular usa ainda o azeite para curar feridas, aliviar a dor, mas, de modo geral, deixou de ser usado como unção. Daí a dificuldade de compreensão do sentido do óleo na Liturgia.

Os povos antigos viam no óleo da oliveira uma substância de um poder particular. Por isso, usavam-no particularmente como medicina. Na Babilônia o médico era chamado "o versado no óleo".

Nas grandes culturas antigas as pessoas consagradas, entre as quais os governantes, eram investidas do seu ministério através da unção com óleo.

Na história do povo de Israel vemos algo de semelhante. Os lugares da especial presença de Deus são ungidos. Samuel unge a cabeça de Saul, dizendo: "O Senhor te ungiu príncipe sobre a sua herança" (1Sm 10,1). A unção com óleo significa bênção, consagração, reconhecimento da parte de Deus e especial distinção diante dos homens.

Os sacerdotes também precisavam desta unção. Assim Aarão e seus filhos. Quem fosse ungido como profeta era iluminado pelo Espírito de Deus. O óleo torna-se símbolo do Espírito de Deus.

Ora, o Messias é o ungido de Deus por excelência. Ele é totalmente pervadido do Espírito de Deus, pois ele vem de Deus e está totalmente voltado para Deus. Quando inicia sua atividade messiânica, o Evangelista coloca em sua boca as palavras de Isaías: "O Espírito do Senhor está sobre mim, pelo que me ungiu" (Lc 4,18). Cristo reúne em si as funções de rei, sacerdote e profeta, pois o próprio Deus ungiu a Jesus de Nazaré com o Espírito Santo e com força (cf. At 10,38).

Cristo, o ungido, unge por sua vez os cristãos, tornando-os participantes de sua santidade e de sua salvação.

E Jesus transmitiu aos apóstolos o poder de salvar e curar. Por isso, quando a Igreja usa o óleo na celebração dos Sacramentos, ele se torna símbolo da graça e do dispensador da graça, o Espírito Santo, como já dizia São Cirilo em suas catequeses mistagógicas: "O corpo é ungido com uma unção terrena, enquanto a alma é santificada pelo Espírito Santo e vivificador". Como o óleo impregna o corpo ungido, a presença do Espírito Santo pervade a pessoa com sua graça, sua força, que é vida e salvação, tornando-a o seu templo.

Assim, no Batismo somos ungidos para, na força do Espírito Santo, renunciarmos o mal e aderirmos ao bem, professando a fé em Cristo Jesus. Após o Batismo, a unção no alto da fronte quer significar que nós pelo Batismo nos tornamos, com Cristo, reis, sacerdotes e profetas pela força do Espírito Santo. Na Confirmação ou Crisma, recebemos a virtude do Espírito Santo para vivermos até à plenitude a vocação batismal de reis, sacerdotes e profetas. As mãos do sacerdote são ungidas para significar que por elas age o Espírito Santo: são mãos que abençoam, consagram, perdoam e servem no serviço da salvação. Os enfermos recebem a força do Espírito Santo significada pela unção como remédio, alívio, conforto e força para viverem sua vocação batismal durante a enfermidade e apesar da enfermidade.

A unção dos objetos consagrados significa que por eles ou neles há uma presença especial de Deus e de sua graça. Por eles Deus abençoa; eles têm por finalidade conduzir para Deus.

Como vemos, o óleo tem profundo significado na Liturgia e adquirirá uma significação maior para a espiritualidade cristã, quando inserido na História da Salvação.

A IMPOSIÇÃO DAS MÃOS

Desde as religiões mais antigas a imposição das mãos constitui um símbolo de bênção. Profetas, sacerdotes e outras pessoas consagradas impunham as mãos para abençoar, representando a própria divindade. Impõem-se ainda as mãos para a cura de enfermidades. E nos antigos cultos mistéricos pagãos a imposição das mãos fazia parte também dos ritos de iniciação.

No Antigo Testamento a imposição das mãos constitui uma expressão visível da transmissão de bênção (cf. Gn 48,14). O mesmo gesto expressa a transmissão de um cargo ou missão (cf. Nm 27,18). O gesto significa ainda a libertação de uma opressão como a impureza ou o pecado (cf. Lv 16,21).

Jesus impõe as mãos às crianças em sinal de bênção (Mc 10,14). A transmissão da bênção pela imposição das mãos manifesta-se ainda nas numerosas curas milagrosas de Jesus (cf. Lc 13,13; Mc 6,2). Em Samaria Pedro e João transmitem o dom do Espírito Santo pela imposição das mãos (At 8,17). Homens carismáticos transmitem um carisma a outros pela imposição das mãos (cf. 2Tm 1,6; At 6,6).

Assim, na Liturgia a imposição das mãos constitui fundamentalmente um gesto de bênção, significando a transmissão do

Espírito Santo (cf. o livro de Manfred Lurker, *Wörterbuch biblischer Bilder und Symbole*, Munique 1973, livro que consultei também em relação a outros símbolos).

O gesto da imposição das mãos está presente com muita frequência na Liturgia. No Catecumenato em preparação ao Batismo, à Crisma e à Primeira Eucaristia, temos a imposição das mãos como expressão de exorcismo, de libertação do mal, de acolhimento da parte de Deus e de bênção; na bênção da água batismal vemos também a imposição da mão na invocação do Espírito Santo; no próprio rito batismal, a unção pré-batismal pode ser substituída pela imposição da mão com a invocação da força do Espírito Santo. Na Confirmação, a imposição das mãos, ainda que não seja o gesto essencial, conforme declaração de Paulo VI na Constituição Apostólica que promulga o Novo Rito da Confirmação, pertence contudo à sua perfeição e leva a compreender melhor o Sacramento.

Na Reconciliação dos penitentes ou Confissão, ao absolver o pecador, o Sacerdote impõe as mãos ou ao menos a mão direita. É sinal de reconciliação, de perdão, de acolhimento e ao mesmo tempo de transmissão do dom do Espírito Santo, para que pelo dom da Penitência o pecador possa evitar o pecado e viver sempre em atitude de conversão.

Na Celebração Eucarística, a Consagração é precedida da imposição das mãos sobre as oferendas, acompanhada de uma fórmula de invocação do Espírito Santo.

A Unção dos enfermos também é precedida da imposição das mãos, sinal de bênção, de cura, de alívio e de transmissão da força do Espírito Santo para que o enfermo possa ser aliviado, dar testemunho de Cristo nesta situação e unir os seus sofrimentos à Paixão de Cristo.

Nas Ordenações a imposição das mãos é um dos gestos principais para significar a transmissão do Espírito Santo a fim de que o eleito possa exercer seu cargo ou função diaconal, presbiteral ou episcopal a serviço da Igreja.

Também no Sacramento do Matrimônio podemos perceber a imposição das mãos por parte do sacerdote na bênção nupcial e na solene bênção final. O mesmo poderíamos dizer da Profissão religiosa e da bênção das pessoas em geral.

A imposição das mãos parece, portanto, um símbolo importante na Sagrada Liturgia. Sua linguagem é eloquente. É de uma riqueza muito grande, significando sobretudo, como vimos, proteção, defesa, reconciliação, perdão, consagração, transmissão da força do Espírito Santo, transmissão de funções, em suma, uma bênção de Deus.

A ASSEMBLEIA LITÚRGICA

A Assembleia Litúrgica é muito mais do que um simples aglomerado de pessoas. Assembleia é antes um povo convocado por Deus para responder à sua palavra em atitude de fé.

Já aos pés do Monte Sinai Deus convocou o povo em assembleia através de Moisés para fazer-lhe uma proposta de aliança. Deus disse a Moisés: "Eis o que dirás à família de Jacó, eis o que anunciarás aos filhos de Israel: Vistes o que fiz aos egípcios e como vos tenho trazido sobre asas de águia para junto de mim. Agora, pois, se obedecerdes à minha voz, e se guardardes minha aliança, vós sereis o meu povo particular entre todos os povos. Toda a terra é minha, mas vós me sereis um reino de sacerdotes e uma nação consagrada. Tais são as palavras que dirás aos israelitas. Veio Moisés e, convocando os anciãos do povo, comunicou-lhes as palavras que o Senhor lhe ordenara. E todo o povo respondeu a uma voz: Faremos tudo o que o Senhor disse. Moisés referiu ao Senhor as palavras do povo" (Ex 19,3-8). No capítulo 24 do Êxodo vemos como o povo respondeu à Palavra de Deus através de um sacrifício.

Esta assembleia é como que o protótipo de toda assembleia litúrgica reunida por Cristo no Novo Testamento. Na Última

Ceia Jesus convocou os seus discípulos, transmitiu-lhes o novo mandamento, celebrou com eles o memorial de sua morte e ressurreição redentoras e pediu que eles se reunissem para render graças em sua memória. Jesus Cristo envia os seus arautos para convocarem a assembleia cristã que ouvirá sua mensagem, viverá os sacramentos e se disporá a viver o novo mandamento. Aí se renova a aliança em Cristo. Aí o povo de Deus alimenta-se para continuar a sua caminhada.

As assembleias locais apresentam-se como pequenas realizações da grande convocação do povo de Deus no fim dos tempos. A assembleia litúrgica evoca as assembleias convocadas por Deus no Antigo Testamento, figuras da grande assembleia que Cristo veio reunir para que "todos sejam um". Não só evoca a comunidade de amor desejada e conquistada por Cristo, mas a constitui, pois onde quer que dois ou mais estiverem reunidos em nome de Cristo, aí Ele mesmo se encontra. A Palavra de Deus aí proclamada constitui a Igreja, cria a Igreja. Além de evocá-la e constituí-la, a assembleia cristã prefigura a comunhão de todos os homens salvos em Cristo na Jerusalém celeste.

Para se viver realmente a dimensão cristã da assembleia litúrgica é preciso encará-la à luz da fé. Ninguém é capaz de constituir uma assembleia cristã a não ser o próprio Deus. A assembleia litúrgica acontece na fé. Por isso mesmo, ela difere de qualquer outra reunião de povo. Não somos convocados por motivações humanas. A voz da fé faz-se ouvir pelo repouso do dia do Senhor, pelos sinos que tocam, pelas convicções pessoais, pela descoberta dos benefícios divinos que exigem uma resposta, pelo compromisso assumido no nosso Batismo, pelo convite de um amigo etc. Ela não tem finalidade lucrativa ou de interesses terrenos, não tem utilidade material, mas dá um profundo sentido à vida do cristão. Possui um caráter sagrado. Une o homem a Deus e estabelece laços de amor com os irmãos em Cristo. A assembleia cristã é um dom gratuito de Deus, pois nos foi dada na total doação de Cristo ao Pai em sua morte que reconciliou todos os homens. A assembleia cristã constitui um sinal, um sacramento do próprio Cristo. Reunida em Cristo ela já possui o caráter sacramental pela presença de Cristo. Contudo, ela será consolidada pela Palavra de Deus e chega à expressão máxima na celebração do Sacramento, sobretudo, da Eucaristia.

Para pertencer a uma assembleia cristã não é preciso ser santo. Basta ter recebido a fé da Igreja e não a ter renegado publicamente e ter recebido o Batismo ou estar disposto a recebê-lo. A assembleia é, portanto, constituída de pessoas convertidas e em disposição de conversão contínua. A assembleia cristã é uma reunião de irmãos em Cristo, filhos do mesmo Pai que está nos céus. Não há, portanto, privilegiados, não há elite, não há discriminação. A mesma fé e a mesma disposição de serviço aos irmãos torna todos iguais. Reúne pobres e ricos, todos eles em atitude de pobreza espiritual. Acolhe santos e pecadores, todos em atitude de conversão. Todos eles são santos pelo batismo e todos são pecadores porque ninguém é perfeito.

A assembleia cristã não é uma reunião fechada sobre si mesma. Reza por todos os homens, acolhe a todos.

A assembleia cristã diferencia-se também de qualquer outro encontro humano pelo modo de participar. Não é plateia onde se assiste, onde há espectadores e atores. Todos aqui participam ativamente pelas atitudes corporais, pelos gestos, pela oferenda dos dons, pela esmola, as respostas ao Celebrante, e sobretudo pela participação no canto, nos diálogos e nas orações. Todos realizam ainda tempos de silêncio sagrado e, na Missa, participam do Sacrifício e da Comunhão sacramental. Todos, enfim, participam do Mistério celebrado.

A assembleia cristã expressa em suma a atitude de um povo em festa. Eia cria a festa, faz a festa. Festa porque participação da salvação, festa porque uma vivência pascal, festa porque participação da vida de Deus em Cristo Jesus.

Se por um lado a assembleia litúrgica torna todos iguais em Cristo, nem por isso exclui funções diversas. Temos em primeiro lugar o Celebrante ou o Presidente da assembleia, normalmente o Bispo ou um Padre. Poderá ser ainda um Diácono ou outro ministro extraordinário, dependendo do tipo de Celebração. O Presidente e todos os demais ministros estão colocados a serviço do povo de Deus reunido. Como representantes de Cristo estão a serviço do sacerdócio universal dos fiéis. Portanto, como diz a palavra, os ministérios não são honrarias, mas serviços.

O Presidente da assembleia torna-se também o princípio da unidade da assembleia. É ele o responsável pelo que se passa numa assembleia congregada em nome de Cristo. Por isso, nada se fará sem o seu conhecimento e aprovação. Por outro lado, ele não agirá sozinho, mas em harmonia com os outros ministros.

Temos em primeiro lugar o *Diácono*. Ele está a serviço da Palavra de Deus na proclamação do Evangelho e a serviço do altar, onde acompanha e serve ao Celebrante. Vêm depois os leitores e acólitos que ultimamente com a renovação pós-conciliar assumem também o ministério que antes competia ao subdiácono, função que foi cancelada. O *leitor* proclama as leituras e está mais intimamente relacionado com a catequese, com o ensino da religião, ou seja, com a preparação das crianças e dos fiéis em geral para uma participação mais consciente da assembleia litúrgica. Seria sua tarefa preparar bons leitores para a proclamação da Palavra de Deus. O *acólito* ou os acólitos servem ao altar, estando mais intimamente ligados à Eucaristia. Por isso, quando instituídos acólitos, são eles também ministros extraordinários da Eucaristia. Numa comunidade paroquial os acólitos poderiam ser engajados na organização e assistência à equipe litúrgica, bem como no cultivo e assistência aos coroinhas que exercerão, entre outras, as funções de turiferário, cruciferário e ceroferário.

Além dos ministros mencionados, exercem ainda funções especiais numa assembleia litúrgica o cantor que animará o canto e fará os solos sobretudo no Salmo de meditação, o organista e o coral. Todos estarão a serviço de toda a assembleia para que esta consiga uma participação sempre mais consciente e frutuosa.

Outras funções como as dos ministros extraordinários da Eucaristia e de leitores ocasionais serão exercidas sempre em dependência do Celebrante.

À luz dessa compreensão da assembleia litúrgica em que toda a comunidade é chamada a participar consciente e ativamente, ouvindo, recitando e cantando, devemos considerar também o lugar da assembleia ou o espaço da igreja. Já não se concebe uma igreja longa e estreita, cheia de colunas. O espaço será de preferência de forma elíptica ou de anfiteatro para facilitar o relacionamento dos participantes entre si e com os ministros. A assembleia normalmente terá três pontos de convergência: a sede do Celebrante de onde ele preside, a mesa da Palavra de Deus, ou ambão, e a Mesa eucarística, o altar. Na celebração do Batismo temos ainda o Batistério ou a Pia batismal que nesta compreensão de espaço e assembleia terá que estar também em lugar bem à vista de toda a assembleia.

Compor uma assembleia constitui, portanto, um ato de fé, um ato de religião, pois será a vivência da Igreja de Cristo, a vivência da união em Cristo, um antegozo da grande assembleia convocada por Deus em Cristo Jesus na Jerusalém celeste.

O SINAL DA CRUZ

A Cruz está plantada em toda parte. Encontramo-la nas igrejas, nas casas, nas praças, em repartições públicas, à beira das estradas e nos cimos das montanhas. Com ela deparamos desde o nascer até ao pôr do sol; do nascimento até a morte. Caminha conosco em horas de alegria e de tristeza. Junto ao batistério por ela fomos marcados e a mortalha é por ela encimada. Encontramo-la na natureza e na arte. Não apenas a encontramos; ela está e cresce em cada homem; ela nos reveste.

Contudo, desde que Jesus Cristo morreu suspenso a um madeiro, abraçando em seu imenso amor toda a humanidade, as cruzes de todos os tempos e lugares foram iluminadas. Daquele momento a cruz tornou-se esperança dos homens. A árvore da morte do paraíso transformou-se em árvore da Vida. A figura da serpente levantada no deserto transformou-se em realidade. Jesus Cristo venceu a antiga serpente, transformando a cruz em troféu de vitória. Assim, aos poucos a cruz foi sendo tomada como o sinal do cristão. Os cristãos dos primeiros séculos começaram a identificar a cruz de Cristo em toda parte: no martelo, no machado, na charrua, nas iniciais da palavra Cristo em Grego (XP), no X, no Y, na âncora, no báculo, no candelabro, na palma, no T, nas plantas e na própria figura da pessoa humana.

Primeiramente se usava simplesmente o símbolo da cruz, sem o corpo de Jesus Cristo afixado. Portanto, a cruz e não o crucifixo.

Era natural que a cruz como sinal do cristão, de sua fé na morte redentora de Cristo, muito cedo entrasse também no uso litúrgico. Assim temos hoje uma presença muito frequente da cruz nas mais diversas formas de expressão.

1. O sinal da cruz

Não há quase reunião de assembleia litúrgica que não comece com o sinal da cruz. Enquanto tocamos com a palma da mão direita a fronte, o peito, o ombro esquerdo e o ombro direito, dizemos: "Em nome do Pai e do Filho e do Espírito Santo". Declaramos que todo o nosso pensamento, nossa vontade e a nossa ação, representados pela fronte, pelo peito e pelos braços, à luz da morte de Cristo, se desenvolvem em nome da Santíssima Trindade. Todo o nosso ser está mergulhado no mistério da Trindade através da cruz redentora de Cristo.

2. A persignação

Constitui uma forma mais solene, ligada à proclamação do Santo Evangelho. O Sacerdote, depois de saudar o povo, continua: Evangelho de Jesus Cristo segundo N., fazendo com o polegar o sinal da cruz sobre o livro e sobre si mesmo, na fronte, na boca e no peito. Qual o sentido mais profundo desta forma de fazer o sinal da cruz? Pedimos a Deus que a força da mensagem de Cristo penetre a nossa mente, a nossa palavra e a nossa vida. Que Ele ilumine a nossa inteligência para compreendermos bem sua mensagem; que possamos professar a nossa fé, por nossas palavras e agir de acordo com ela.

3. Traçar o sinal da cruz

É muito frequente na Liturgia o gesto de traçar o sinal da cruz sobre pessoas, objetos e elementos. Muitas vezes o gesto vem acompanhado da invocação das três pessoas da Santíssima Trindade; outras vezes é acompanhado por fórmulas especiais que dão sentido ao gesto; há ocasiões em que é traçado em silêncio. É sempre sinal de bênção e consagração. Pensamos aqui na consagração das oferendas durante a Missa, na bênção final que encerra quase todas as assembleias litúrgicas; na bênção dada a pessoas, na bênção de elementos como a água-benta, o sal, objetos de devoção; na bênção de objetos como as alianças, os paramentos, imagens, terços, etc. A faculdade de abençoar, traçando o sinal da cruz sobre pessoas e objetos, é reservada aos sacerdotes e ao diácono quando ocorre dentro de sua função.

Existem ainda dois outros modos de dar a bênção, usando o sinal da cruz. A primeira consiste em traçar com a cruz ou o crucifixo ou ainda com o Santíssimo ou alguma relíquia o sinal da cruz sobre pessoas, abençoando-as. Gesto que é realizado também com o incenso. Segundo, traçar o sinal da cruz com o polegar sobre a fronte de uma pessoa ou sobre objetos. Assim, temos no Batismo, após o acolhimento e o diálogo inicial, um gesto que poderá ser muito valorizado: o primeiro grande encontro da criança com a cruz de Cristo. O Celebrante diz: "N., nós te recebemos com grande alegria na comunidade cristã. O nosso sinal é a cruz de Cristo. Por isso, eu e teus pais (e padrinhos) te marcamos com o sinal do Cristo Salvador". Em silêncio, o Celebrante e os pais (e padrinhos) traçam o sinal da cruz na fronte da criança. É sinal de consagração, de resposta de Deus através da Igreja, representada pelo Celebrante, os pais e os padrinhos em favor da criança. Pela fé da Igreja Deus está atingindo esta criança pela salvação em Cristo. Por isso, os filhos podem pedir a bênção aos pais e padrinhos e estes estão autorizados a abençoar em nome de Deus. Como fazê-lo? Traçando o sinal da cruz na fronte dos filhos ou dos afilhados.

Quando o Bispo administra o Sacramento da Crisma, tendo mergulhado o polegar no óleo do crisma, marca o confirmando na fronte com o sinal da cruz, dizendo: "N., recebe, por este sinal, o Dom do Espírito Santo".

Altares e cálices representam os recipientes máximos da bênção: o próprio Cristo vivo presente na Eucaristia. Como eles, o coração humano deverá estar ungido da unção batismal para constituir um receptáculo digno do próprio Deus.

Além do sinal da cruz a própria cruz encontra-se frequentemente nas celebrações litúrgicas. É costume antigo a presença de uma cruz junto ao altar. A Instrução Geral sobre o Missal

Romano fala da cruz nos seguintes termos: "Haja também sobre o altar ou perto dele uma cruz que seja bem visível para a assembleia reunida" (n. 270). Portanto, pede-se uma cruz. Não precisa ser crucifixo. Bem visível para os fiéis; não só para o Celebrante. Sobre o altar ou perto dele. Não precisa estar sobre o altar. O ideal seria a cruz processional da qual fala o n. 82,b: Que à frente da procissão de entrada vá um ministro com a cruz, ladeado de dois ministros com velas acesas.

A presença tão frequente da cruz nos faz lembrar continuamente que toda a Liturgia não é outra coisa do que a evocação do mistério pascal de Cristo, que por sua morte e ressurreição nos traz nova vida. É pela cruz que o povo de Deus, a exemplo de Cristo, chega à ressurreição.

A inspiração e a arte desenharam a cruz de Cristo de muitos modos. Lembro a cruz romana; a cruz de Jerusalém, a cruz gamada, o Tau da tradição franciscana, a cruz de Santo André, a cruz de Lorena. Se as formas da cruz material já são tão variegadas, infindas são as cruzes humanas, pois cada um tem a sua para carregar no seguimento de Cristo. Todas elas, porém, encontram-se na cruz de Cristo, na qual todas as demais poderão ser glorificadas.

GESTOS E POSIÇÕES DO CORPO

A linguagem religiosa distingue-se pelo fato de ser uma linguagem onde participa o homem todo. O homem todo, alma e corpo, comunica-se com Deus. O homem todo é um ser religioso.

Sem dúvida a palavra é a forma mais comum de o homem se comunicar. Além da palavra, no entanto, ele faz uso frequente de gestos e atitudes do corpo. É o que acontece também na Liturgia. Importante é que numa assembleia esta linguagem se faça de modo que seja uma expressão comum. Que haja certa unidade. Para que esta linguagem possa realmente ser uma expressão de fé de toda a comunidade convém conhecer o significado dos principais gestos que ocorrem na Liturgia.

1. Inclinações

Temos as inclinações da cabeça e do corpo. São fundamentalmente gestos de reverência e de respeito. Inclinamos a cabeça quando ocorrem os nomes de Jesus, de Maria e do Santo do dia. O Sacerdote inclina a cabeça na hora em que profere as palavras *deu graças* da Consagração.

A inclinação do corpo é outro gesto de reverência, de humildade, de devoção ou de saudação. Ocorre na saudação do altar, quando sobre ele não estiver o Santíssimo, na oração após ter colocado as oferendas sobre o altar, pedindo a Deus "de coração contrito e humilde que sejamos acolhidos pelo Senhor"; durante a Oração Eucarística I, quando pede humildemente que a oferta seja levada à presença de Deus.

2. Gestos com as mãos

O homem ao falar costuma fazer gestos com as mãos, procurando desta forma comunicar melhor a sua mensagem. Muitas vezes, mesmo não acompanhados de palavras, eles são mais eloquentes do que as próprias palavras. As mãos falam. Expressam os sentimentos mais diversos. Vejamos alguns gestos. Já tendo nos referido ao sinal da cruz em outra parte, comecemos com o *juntar as mãos* ou o *ter as mãos unidas*. O gesto litúrgico das mãos unidas é o de ter juntas as palmas das mãos. A forma de ter as mãos juntas, entrelaçando os dedos, pertence à devoção particular. É a posição do Celebrante, quando não profere orações estritamente presidenciais. Convém também aos fiéis, sobretudo quando se aproximam da Santa Comunhão, e aos acólitos a serviço do altar. Expressa recolhimento, devoção, oração. Duas mãos unidas simbolizam já por si a atitude do homem em oração.

Mãos elevadas ou estendidas – É o gesto típico do Celebrante nas orações presidenciais como as Orações Coletas, os Prefácios e as Orações Eucarísticas. Expressa atitude de louvor, de invocação. É a posição do orante, mediador entre Deus e os homens. A Igreja primitiva em sua arte apresenta muitas vezes esta figura nas catacumbas: uma mulher de braços elevados, em oração. Pode significar a Virgem consagrada, a Igreja em oração e toda a humanidade em oração. Ora, na Santa Missa e na Liturgia em geral o Sacerdote representa toda a humanidade. As alturas simbolizam o divino, o sagrado, o próprio Deus: o Celebrante ao mesmo tempo eleva as preces, os louvores e invoca os auxílios divinos, englobando as orações de toda a assembleia.

Impor as mãos – Um gesto bastante frequente. É sinal de bênção e de reconciliação, de transmissão do dom do Espírito Santo, como já vimos em outro lugar.

Dar as mãos – Sinal de saudação fraterna, de unidade, de compromisso sagrado. Os noivos dão-se as mãos em sinal de consentimento, de união e de compromisso sagrado e apoio mútuo. O professando na profissão perpétua costuma proferir a fórmula de profissão nas mãos de seu Superior. Um gesto de acolhimento e de compromisso. O mesmo faz o Diácono no dia de sua ordenação presbiteral quando promete obediência a seu Bispo. O costume que se está introduzindo em nossas assembleias de os fiéis se darem as mãos na hora do Pai-nosso é algo de novo em matéria de gestos litúrgicos. Às vezes se tem a impressão de brinquedos de roda. Parece que o gesto adquire maior significação quando, ao se darem as mãos, os fiéis também as elevam ao menos até a altura dos ombros. O tempo dirá se tal gesto realmente se há de firmar na Liturgia. Temos ainda o abraço na saudação da paz, abraço que deveria manter sua nobre sobriedade de rito, sem cair na efusão de sentimentos subjetivos exagerados. Devemos perguntar-nos até que ponto este gesto de reconciliação e comunhão fraterna leva a assembleia a preparar-se para uma devota Comunhão sacramental.

3. Elevar os olhos ao céu

É um gesto que também ocorre na primeira oração eucarística. Em momentos solenes de intensa expressão religiosa Jesus elevava os olhos ao céu, expressando sua íntima comunhão com o Pai. O homem é chamado a contemplar a Deus face a face. A Liturgia é de certo modo um antegozo dessa contemplação de Deus.

4. O ósculo ou o beijo

Sinal de reverência, de comunhão, de amor. Na Liturgia ele ocorre sempre que se quer expressar uma atitude de saudação, de amor, de comunhão e afeto ao Cristo. Ora, ele está presente nos símbolos do altar, do livro dos Evangelhos, na pessoa do cristão, quando em comunhão de vida com Cristo. Daí a saudação do altar no início e no fim do encontro da Assembleia eucarística; o beijo do Livro dos Evangelhos após sua proclamação, o beijo na saudação da paz, onde o gesto for usual. Compreende-se também o sentido profundo do ósculo nupcial, após o gesto de consentimento, ou do rito das alianças. Enfim, o beijar a cruz em sinal de respeito, de amor e gratidão na Liturgia da Sexta-feira Santa.

5. O sopro

Na Liturgia anterior à reforma conciliar este gesto era mais frequente. Hoje ele permanece na bênção dos óleos de Quinta-feira Santa. O sopro simboliza a força, a ação do Espírito de Deus. Aquele sopro que fez do homem um ser vivente, o sopro que na História Sagrada representa a presença ativa de Deus, o sopro do Cristo ressuscitado a transmitir o Espírito do perdão e da paz, o Espírito da vida nova. O gesto expressa, portanto, uma consagração, a transmissão da força de Deus. Quando se usa o óleo nos Sacramentos, sua eficácia não está na unção em si, mas na ação do Espírito Santo.

6. A genuflexão

Por excelência um ato de adoração na Liturgia Latina. Por isso, ela é feita somente diante do Santíssimo Sacramento e da Cruz em certas ocasiões. A genuflexão diante da Cruz não quer significar que adoramos a cruz em si, mas o que ela representa, isto é, Jesus Cristo, nosso Deus, no mistério de sua morte e ressurreição. Até a reforma conciliar havia dois tipos de genuflexão, a simples e a dupla, isto é, com um só ou com dois joelhos. Hoje permanece somente a simples. A dupla foi abolida, mesmo diante do Santíssimo exposto, conforme se lê na Instrução sobre o *Culto Eucarístico fora da Missa.*

7. A prostração

Um dos gestos corporais mais significativos na liturgia latina é a prostração. Ocorre nas ordenações de Bispos, Presbíteros e Diáconos, bem como na profissão perpétua dos religiosos. Trata-se de um momento solene na vocação do homem para o serviço da Igreja pelo ministério ou para a busca da caridade perfeita como religioso. Toda a Liturgia da Palavra da respectiva celebração evoca o ideal da vocação ao ministério ou da vocação religiosa. Vem depois o diálogo e o confronto com o ideal na homilia. Diante disso, o vocacionado sente todo o peso e a responsabilidade de sua vocação diante de Deus e da Igreja. Tem consciência de sua fragilidade, de sua pequenez e incapacidade de corresponder à vocação por suas próprias forças. Consciente de tudo isso ele se prostra diante da face de Deus onipotente e bom, enquanto toda a assembleia se une em prece, rezando a Ladainha de todos os Santos. Invoca-se a misericórdia do Deus uno e trino, a Igreja se une aos Santos do céu, intercedendo pelos ordinandos e professandos. Somente com o auxílio da graça de Deus, somente através de Jesus Cristo e pela intercessão da Virgem Maria e dos Santos e com as preces da comunidade eclesial a garantir o seu apoio, os ministros de Deus e os religiosos poderão levar a bom termo a sua vocação. Onde for conveniente, em vez da prostração, os candidatos poderão permanecer ajoelhados. Percebemos, no entanto, que, no caso, a prostração se apresenta como um gesto muito mais eloquente do que o permanecer de joelhos.

Temos ainda a prostração no início da celebração da Morte do Senhor na Sexta-feira da Paixão. Neste dia a Igreja como que não encontra palavras para iniciar a celebração. A assembleia permanece em profundo silêncio enquanto os Ministros se prostram diante do altar. É um silêncio que fala de dor, de profundo respeito e temor diante do mistério da Paixão e Morte do Senhor. Também aqui o ficar de joelhos tiraria muito da eloquência do rito.

8. O andar

Existem modos e modos de andar. O andar litúrgico não é mera finalidade de locomoção de um lugar para outro. É antes um andar significativo, respeitoso, composto. Por isso, diz a Instrução do Missal Romano: "Entre os gestos incluem-se também os movimentos do sacerdote que se aproxima do altar, da apresentação das oferendas, e da aproximação dos fiéis para receberem a comunhão. Convém que tais ações sejam realizadas com dignidade, enquanto se executam cantos apropriados, segundo as normas estabelecidas para cada uma" (n. 22). Nada de agitação, nada de correria. Trata-se de um povo que caminha. Sobretudo na hora da Comunhão a assembleia vive a realidade de um povo peregrino que se aproxima das fontes da salvação para prosseguir sua caminhada pelo deserto até à Terra prometida.

9. As posições do corpo

Temos enfim algumas posições do corpo que merecem uma consideração especial. Elas devem expressar atitudes de toda a assembleia. São elas o estar de pé, o estar de joelhos e o estar assentado. Vejamos o que diz sobre isso a Instrução Geral do Missal Romano: "A posição comum do corpo que todos os participantes devem observar é sinal da comunidade e da unidade da assembleia, pois exprime e estimula os pensamentos e sentimentos dos participantes" (n. 20).

"Para obter a uniformidade nos gestos e posições do corpo, obedeçam os fiéis aos avisos dados durante a celebração pelo diácono, pelo sacerdote ou por outro ministro. Além disso, em todas as Missas, caso não se disponha de outro modo, os fiéis permaneçam de pé: no início do canto de entrada, ou do momento em que o sacerdote se aproxima do altar até a coleta inclusive; ao canto do Aleluia, antes do Evangelho; durante a proclamação do Evangelho; durante a profissão de fé e a oração universal; e da oração sobre as oferendas até o fim da Missa, exceto nas partes citadas em seguida. Sentem-se durante as leituras antes do Evangelho e durante o salmo responsorial; durante a homilia e enquanto se preparam os dons ao ofertório; e, se for conveniente, enquanto se observa o silêncio sagrado após a Comunhão. Ajoelhem-se durante a consagração, a não ser que a falta de espaço ou o grande número de presentes ou outras causas razoáveis não o permitam.

Compete, porém, às Conferências Episcopais adaptar à índole dos povos os gestos e posições do corpo descritos no Ordinário da Missa romana. Cuide-se, contudo, que correspondam ao sentido e à índole de cada parte da celebração" (n. 21).

O *estar de pé* expressa sobretudo respeito, prontidão, disposição de ação, resposta. Por isso, é a posição própria para ouvir o Evangelho, para a oração dos fiéis, a profissão de fé e a ação de graças.

O *estar assentado* expressa bem o acolhimento e a meditação. Daí o estar assentado para ouvir a palavra de Deus e acolhê-la no coração, no Salmo de meditação, na homilia que leva à meditação interior e no silêncio sagrado após a Comunhão.

O *ajoelhar-se*, o estar de joelhos, exprime o respeito, a humildade, o arrependimento, a adoração. Daí sua oportunidade durante a consagração, nas bênçãos solenes, em certos ritos penitenciais como a confissão genérica dos pecados na celebração da reconciliação dos penitentes. A Instrução não fala da posição de joelhos no rito penitencial, nem depois da Comunhão. Quer-se respeitar, porém, a índole do povo. Neste sentido, poder-se-ia pensar em valorizar a tendência de nosso povo de fazer o ato penitencial de joelhos, de ajoelhar-se após a Comunhão e para receber a bênção. Onde isso fosse feito, e cremos ser possível, deveria realizar-se naquele espírito descrito na Instrução: "que os fiéis obedeçam aos avisos dados durante a celebração pelo diácono, pelo sacerdote ou por outro ministro".

O que importa nestas posições do corpo por parte da assembleia é que haja unidade. Isso exige espírito de desprendimento, de superação dos próprios gostos e preferências pessoais. Exige, enfim, atitude de obediência e conversão. Nisso não é possível que cada qual faça o que acha melhor ou do seu gosto. A assembleia litúrgica tem uma linguagem comum também através dos gestos e posições do corpo.

AS PESSOAS

Entre os símbolos mais significativos da Liturgia estão certamente as pessoas. O ministro dos Sacramentos e, de modo todo particular, o Sacerdote Celebrante durante a Missa, torna presente o próprio Cristo. É Cristo quem batiza, é Cristo quem perdoa, é Cristo quem consagra. Diz o Concílio Vaticano II: "Cristo está presente em sua Igreja na pessoa do ministro, pois aquele que agora oferece pelo ministério dos sacerdotes é o mesmo que outrora se ofereceu na Cruz" (SC n. 7).

Mas não só o Presidente da assembleia é sinal e símbolo de Cristo. Devemos pensar aqui em todos os ministros que de alguma forma, cada qual a seu modo, servem à comunidade reunida. Tal compreensão é importante para uma maior consciência no ministério litúrgico e o modo de exercê-lo. Temos, então, o diácono, que é chamado a revelar de modo particular o Cristo que veio não para ser servido, mas para servir. Ele serve ao altar, serve à Palavra de Deus e serve à comunidade cristã no serviço da caridade. Temos, depois, os leitores, os acólitos, os ministrantes ou coroinhas, os comentaristas e cantores. Daí se compreende por que todos estes ministros da assembleia se comportarão de uma forma devida; convém outrossim que usem vestes que condigam com a função dentro da comunidade.

Por fim, e talvez fosse o caso de falar deste ponto em primeiro lugar, temos a própria assembleia. Assembleia é o povo convocado por Deus para ouvir a sua Palavra e fazer com Ele uma Aliança. Hoje, como outrora, aos pés do Monte Sinai, Deus convoca o seu povo para com Ele fazer uma aliança. O povo reunido na mesma fé e na mesma caridade expressa a unidade no amor exigida pela mensagem de Cristo: "Para que todos sejam um". Ele veio para congregar a todos na unidade (cf. Ef 1,10). Ou, como diz o Concílio, "a Igreja aparece como o povo reunido na unidade do Pai e do Filho e do Espírito Santo" (cf. LG). E é neste sentido de sinal e expressão da unidade que se situam as diversas expressões ou posturas do corpo durante a assembleia. Ela exprime a unidade pelo próprio fato de se reunir, pela participação nas mesmas orações, no mesmo canto, na expressão da unidade ao levantar-se e sentar-se, ao estar sentada e estar de pé; ao ouvir a Palavra de Deus nas leituras, e ao acompanhar, escutando e fazendo próprias as orações do Sacerdote. Expressa ainda a unidade na participação do mesmo pão eucarístico e guardando juntos o silêncio religioso.

Portanto, para quem tem fé e se reúne na fé, a assembleia evoca o povo de Deus reunido no Antigo Testamento; evoca o povo de Deus congregado pelo Sangue redentor de Cristo. Mas não evoca apenas; ela a constitui e realiza. A Igreja é a expressão da unidade de Deus Pai, Filho e Espírito Santo, pois onde reina o amor, onde reina a fraternidade, aí se encontra a salvação, aí está presente o próprio Deus. Por fim, a Igreja prefigura o povo de Deus reunido para sempre na glória eterna.

Por isso, a ação de a comunidade cristã se reunir aos domingos ou em qualquer outra oportunidade torna-se um sinal que exige uma atitude correspondente à ação. Na assembleia, todos são irmãos, todos são iguais, todos se amam e se respeitam. A consequência deverá ser uma vida que corresponda à ação ritual. A assembleia se dispersa após a ação litúrgica, mas o espírito, a união, a caridade, a igualdade lá expressa e vivenciada em Cristo, terão que prolongar-se através do dia e da semana. Então, sim, a assembleia litúrgica será também um verdadeiro símbolo da vida da comunidade cristã.

A CEIA OU O BANQUETE

Se existem muitos sinais da Páscoa em nossa vida, nas festas humanas não pode faltar o comer e o beber juntos. Este gesto possui um poder significativo muito grande. E Cristo nos deixou o memorial da salvação não só em forma de Ceia, mas em forma de ceia eucarística, isto é, ceia de ação de graças. Temos na ceia eucarística uma dupla linguagem. A linguagem da palavra e a linguagem da ação de comer e de beber juntos.

Para descobrirmos o sentido do Banquete Eucarístico será de importância refletirmos sobre o símbolo do banquete na sociedade humana.

Oferecemos banquete, ou vamos participar de um banquete ou jantar por muitos motivos. O banquete, desde o grande banquete até o simples cafezinho com bolacha, tão brasileiro, ultrapassa em muito a necessidade biológica de o homem se alimentar para conservar a vida.

A motivação de um banquete costuma ser um acontecimento importante que comemoramos; portanto, em geral, à base de um banquete está um fato, como por exemplo o nascimento, bodas, jubileus, casamento, ou ainda o fato da amizade. O banquete tem por objetivo exprimir uma atitude de festa; é uma comemoração; quer ser uma homenagem; um agradecimento; uma oferta, um serviço.

Somos invadidos por sentimentos de união, intimidade, amizade, amor, fraternidade, alegria, apreço, paz.

Realiza-se através do banquete uma união, uma aliança, um encontro, um intercâmbio, uma permuta, um escambo, um serviço, e, o que me parece mais importante, um convívio; um intercâmbio de vida, uma comutação de vida. Em última análise, temos, como fundo de uma ceia amigável, um intercâmbio de vida. Quem convida alguém para comer quer partilhar a vida com ele; quer fazê-lo viver-com. Isso se expressa de modo admirável no cafezinho que o mais pobre faz questão de oferecer ao visitante, acompanhado em geral pelo biscoitinho. Aqui o que recebe não pretende matar a fome ou a sede do visitante, mas exprimir a sua alegria, sua amizade. Quer dar a ele o que há de mais precioso: a vida.

Se então aplicarmos toda a riqueza de conteúdo do banquete ou da ceia à Eucaristia, nós descobrimos que a celebração da Eucaristia é uma festa por excelência, em que celebramos o fato por excelência: o mistério de Cristo. Esta experiência de salvação se faz na linguagem do banquete, na linguagem do comer e do beber juntos. Tudo quanto podemos dizer do sentido do banquete podemos dizê-lo também da Celebração Eucarística em plano muito superior entre nós e Deus e entre nós e os nossos irmãos no plano da fé. A Eucaristia constitui a alegre admiração diante dos benefícios de Deus, manifestados em minha vida, em todos os homens e em todo o universo. O comer e beber juntos na Eucaristia constitui expressão de festa comemorativa da criação do mundo e do homem, da nossa conservação na existência. Comemoramos a misericórdia e a bondade de Deus em Jesus Cristo. É expressão de reconciliação, de amizade, de aliança nossa com Deus através de Cristo. É também expressão de fraternidade entre nós, pois Cristo, tornando-se nosso irmão, fez-nos todos filhos do mesmo Pai.

Comer e beber juntos na Eucaristia significa alegria, intimidade, comunhão, amor entre os homens e Deus, que nos convidou a participar da intimidade de sua mesa. Comer e beber juntos na festa eucarística significa acolhimento, oferta, serviço de Deus aos homens e dos homens a Deus. Significa gratuidade dos dons de Deus dados aos homens e, por isso, agradecimento pelos dons recebidos. Comer e beber juntos na Eucaristia significa dizer na linguagem da presença amiga: como é boa a vida, como é bom convivermos com Deus e com os irmãos! É dizer simplesmente: posso viver e con-viver, pois quem come vive e quem come e bebe com outrem no amor e na amizade con-vive, num íntimo intercâmbio de vida. Isso se torna realidade porque Cristo se proclamou o pão da vida, o pão vivo descido dos céus. Ele nos garante: "Quem come a minha carne e bebe o meu sangue tem a vida em si e eu o ressuscitarei no último dia". Eucaristia é, pois, a festa da vida.

O PÃO E O VINHO

A linguagem litúrgica é de um arrojo inaudito. Certas realidades, que não ousaríamos expressar por palavras, nós as vivenciamos através de símbolos do culto cristão.

Um dos símbolos mais eloquentes é o pão e o vinho, que no plano da graça querem expressar o que significam no plano natural.

Existe no homem o íntimo desejo de comunhão de vida com Deus. Gostaria de estar unido a Ele como a comida e a bebida se tornam um com seu corpo. O homem tem fome e sede de Deus. Não deseja apenas conhecê-lo e amá-lo, mas apoderar-se dele, possuí-lo, consumi-lo, comê-lo e bebê-lo, saciar-se plenamente nele.

Para exprimir que Deus veio ao encontro deste desejo do homem, Cristo, o pão da vida, escolheu o símbolo do pão e do vinho, da comida e da bebida.

Pão significa união, alimento, vida. Como o alimento se torna um com o homem, Deus quer unir-se ao homem.

Vinho é bebida. Mas não bebida que apenas mata a sede. É bebida que alegra, inebria, faz transbordar de felicidade. Assim Deus constitui a felicidade do homem, a saciedade do homem.

Cristo se tornou para nós pão e vinho. Podemos comê-lo e bebê-lo, isto é, podemos tornar-nos um com Ele na saciedade inebriante da vida feliz. Este pão torna-se para nós garantia da imortalidade.

No pão e no vinho existe também muito de humano. O pão para ser pão passa por um longo processo. Igualmente o vinho. Por isso podemos dizer que o pão e o vinho quando usados no Sacramento da Eucaristia adquirem um tríplice sentido. Eles representam nossa vida e todas as coisas criadas por Deus. Toda a criação constitui objeto de ação de graças a Deus. E o homem a oferece a Deus como rei da criação. Em segundo lugar, o pão e o vinho significam o trabalho, a capacidade de criar do homem, sendo também nisto semelhante a Deus. Em terceiro lugar – e isto é algo de inaudito e nós o aceitamos porque Cristo no-lo revelou – o pão e o vinho significam nossa comunhão de vida com Deus, onde Cristo se torna comida e bebida no Banquete Eucarístico. Deus vem ao encontro do homem no seu desejo de comunhão de vida com Ele.

Pão e vinho, símbolos de comida e bebida, exprimem pois a nossa vida, como também a nossa ação, a indústria do homem, seu domínio sobre a natureza que ele trabalha e transforma. Significam, outrossim, o próprio Cristo no mistério de sua Morte e Ressurreição.

Com Ele nós nos damos inteiramente, com todas as nossas qualidades e capacidades, todo o nosso trabalho e nossas realizações, toda a nossa vida relacionada com Cristo, vivida na maior intensidade possível a serviço do próximo.

A preparação destas ofertas não constitui ainda o sacrifício como tal. O pão e o vinho querem recordar, recolher toda essa realidade humana em Cristo. A serviço dessa preparação está toda a Liturgia da Palavra que quer dar maior sentido à nossa vida, aumentando a nossa fé, avivando a nossa esperança e intensificando o nosso amor. Quando, pois, representantes da assembleia apresentam as ofertas, levam a nossa vida, o nosso trabalho, as nossas realizações e conquistas, unidos a Cristo. Podemos dizer que, de certa maneira, nós nos colocamos sobre o altar para sermos transformados em Cristo e por Ele apresentados ao Pai. O homem aparece na presença do seu Deus, que o agraciou com a existência e o cumulou com a nova vida da graça. Toma daquilo que Deus lhe deu e que ele realizou pelo seu trabalho para dizer que tudo lhe pertence, tornando-se, desta forma, o pão e o vinho sinal do homem mesmo, daquilo que ele é e daquilo que ele faz.

Deus, por sua vez, aceita este dom, o homem mesmo, representado pelos símbolos do pão e do vinho. Não só os aceita, mas os transforma, os assume pela ação de graças.

Em resposta à oferta de nossa existência, em conformidade com a sua santíssima vontade, Deus mesmo se dá em alimento. Ali se realiza aquele desejo do homem de participar da vida e da imortalidade de Deus, não pelo orgulho como no caso de Adão e Eva, mas pela humildade, reconhecendo a sua condição de criatura mortal.

AS GOTAS DE ÁGUA NO VINHO

Um gesto simples e quase despercebido foi mantido no Ordinário da Missa. Ao preparar as oferendas, o sacerdote deposita um pouco de água no cálice com vinho.

Sabemos que os hebreus usavam vinho misturado com água na celebração da Páscoa. Consciente de que Cristo na Última Ceia também usou vinho misturado, os cristãos faziam o mesmo na Celebração Eucarística. E muito cedo os Santos Padres, sobretudo São Cipriano, começaram a dar um significado a esta mistura de água no vinho. Reagindo contra aqueles que celebravam a Eucaristia com pão e água, diz São Cipriano que se deve colocar ao menos um pouco de vinho na água. Se houver só água sem vinho, diz o santo, nós estamos sozinhos sem Cristo. O que não é possível. E se houver só vinho sem água, Cristo está sozinho sem nós. De que nos adianta isso?, pergunta São Cipriano. Com isso ele quer dizer que a Eucaristia é o Sacrifício de Cristo e da Igreja, isto é, do Corpo Místico de Cristo.

Ele então procura ilustrar sua doutrina pela Sagrada Escritura. O vinho lembra a Redenção pelo sangue e de modo particular a Paixão de Cristo, ao passo que a água traz à mente o povo de Deus salvo das águas e o povo de Deus nascido das águas do Batismo. Assim como as gotas de água colocadas no vinho somem totalmente, são assumidas pelo vinho, no Sacrifício da Missa nós devemos entrar em Cristo, identificar-nos com Ele, fazer-nos um com Ele.

Nas oferendas da Missa encontramos um duplo simbolismo. Por um lado, o pão e o vinho significam a vida, a existência do homem unida a Cristo. Por outro lado, temos a água em relação ao vinho. Agora, o vinho significa Cristo e a água o cristão que se oferece juntamente com Cristo. Gesto singelo, mas tão significativo! O que importa não é o sinal em si, mas o que ele significa; o que importa é a nossa atitude unida à de Cristo.

A partir desta ação do Sacerdote poderemos valorizar o momento da preparação das oferendas para dispor o nosso coração a participar melhor do Sacrifício Eucarístico, tornando-o também nosso sacrifício.

Água é símbolo de vida em geral e da nova vida adquirida pela fé e pelo Batismo em particular. O povo sacerdotal nascido das águas do Batismo manifesta sua presença na Eucaristia pelas gotas de água colocadas no cálice com vinho.

A SAUDAÇÃO DA PAZ

Os antigos cristãos diziam que o ósculo da paz era o selo da oração. Realmente, depois da Liturgia da Palavra e da oração dos fiéis, ou depois do Pai-nosso rezado com os neobatizados, os cristãos se saudavam por um ósculo. No rito romano este gesto de amor e união fraternos passou para depois do Pai-nosso, antes da Comunhão, e acabou sendo restringido aos ministros do altar.

A atual reforma da Missa estendeu este gesto a toda a assembleia, conforme a conveniência e os costumes locais. Trata-se de uma saudação ritual; tem, portanto, o valor pelo seu significado.

A oração em comum e de modo particular a Eucaristia e o Pai-nosso orientam todos para o Senhor e Pai comum. Tem a capacidade de congregar, reconciliar, unir a todos os irmãos na caridade. Não seria possível unir-se em Cristo com o Pai pela oração eucarística, não seria possível proclamar sinceramente a Deus como Pai e prometer fazer sua vontade, não seria possível unir-se pelo alimento do mesmo pão, guardando rancor ou ódio no coração. A união com Cristo e com o Pai não se realiza se não se concretizar a união entre os irmãos.

Por isso, após a oração eucarística e o Pai-nosso e antes da Comunhão, os cristãos desejam expressar por um gesto de união e de amor o que se realizou na oração comum e se há de manifestar ainda mais profundamente na hora da Comunhão: a conversão a Deus e ao próximo.

Por vezes a saudação da paz será aquele sinal de reconciliação fraterna do qual fala Nosso Senhor no Evangelho: "Se estás para fazer a tua oferta diante do altar e te lembrares que teu irmão tem alguma coisa contra ti, deixa lá a tua oferta diante do altar e vai primeiro reconciliar-te com teu irmão: só então vem fazer a tua oferta" (Mt 5,23-24).

Conforme as circunstâncias este gesto obterá um significado particular. Pode significar alegria numa festa, apoio e solidariedade no sofrimento.

A expressão mínima de saudação será a inclinação de cabeça. Contudo os conhecidos costumam saudar-se dando-se a mão. O abraço já é uma forma de maior intimidade, ao passo que o beijo na face se apresenta entre nós como expressão normal de saudação entre senhoras e casais. A saudação após a oração do Pai-nosso na Missa ou em outras assembleias de oração poderá ter estas formas, seguindo a maneira de se saudar com naturalidade na comunidade dos irmãos em Cristo. A saudação exprimirá, pois, a paz que nos une no amor de Cristo, paz com Deus e com o próximo, paz adquirida por uma atitude de oração, constituindo-se, desta forma, num gesto de profundo engajamento de vida na caridade.

A PARTÍCULA DE HÓSTIA NO CÁLICE

Trata-se de um rito que muitas vezes pode passar desper-cebido. Ou então se pergunta sobre o seu significado. Após a fração do pão que precede o rito da Comunhão, o Celebrante coloca uma partícula da hóstia no cálice, rezando em silêncio: "Esta união do Corpo e do Sangue de Jesus, o Cristo e Senhor nosso, que vamos receber, nos sirva para a vida eterna!"

O rito de romper o pão para dividi-lo fraternalmente era usado entre os judeus. O próprio Jesus na Última Ceia tomou o pão, partiu-o e o deu aos discípulos. E mandou repetir o gesto em sua memória. De tal modo o rito de partir o pão tornou-se familiar entre os cristãos que "fração do pão" se tornou sinônimo de Celebração Eucarística.

Nos primeiros séculos o partir o pão era uma ação normal exigida pela necessidade de reduzir os pedaços de pão consa-grado para a comunhão dos fiéis. O rito da fração era realizado com grande solenidade, enquanto o povo cantava o *Cordeiro de Deus*. O rito perdeu sua importância com a confecção de hóstias pequenas para os fiéis.

Com o correr do tempo começou-se a ligar ao gesto da fra-ção do pão um sentido simbólico que levou a um rito de "mistura" ou união das espécies do pão e do vinho. O pão partido representava o Corpo de Cristo rompido em sua Paixão. Cristo é apresentado como aquele que cada dia na Santa Missa se imola pelos pecados dos homens. Por que, então, a mistura do pão consagrado com o vinho? Sua origem é bastante obscura. Algumas indicações históricas podem lançar luz e maior compreensão.

A Eucaristia foi sempre considerada como expressão da unidade do Corpo Místico de Cristo. São Paulo diz: "Uma vez que há um único pão, nós, embora sendo muitos, formamos um só corpo, porque todos nós comungamos de um mesmo pão" (1Cor 10,17). A Igreja romana deu uma expressão visível a este conceito através do uso do "fermento". Fermento era chamada a partícula que o Papa destacava das próprias espécies consagradas em dias festivos e enviava aos bispos das cidades vizinhas de Roma e aos presbíteros das outras igrejas da cidade, que, por sua vez, a colocavam no cálice do Sacrifício, em sinal de união com o Papa e a presidência hierárquica dele. Em Roma este uso foi praticado até o século IX. Quando o rito do fermento caiu em desuso continuou o costume de o próprio Celebrante colocar no cálice um pedaço da própria hóstia. Este rito simboliza sobretudo a união e a paz.

Mais tarde, outra ideia vinda do Oriente inspirou o gesto de colocar um pedaço da hóstia consagrada no cálice imediatamente antes da Comunhão. Queria significar a unidade das espécies consagradas. O pão e o vinho, embora separados, não são algo morto, como o sangue separado do corpo. Formam uma unidade, o Corpo vivo e glorioso de Cristo. Lembram o mistério da Ressurreição.

A união dos dois elementos separados pelo memorial da morte de Jesus Cristo é feita para simbolizar a sua ressurreição. A Eucaristia celebra não o Cristo morto, mas o Cristo morto e ressuscitado, pão vivo descido dos céus, garantia de imortalidade. A oração fala de um Cristo vivo que é Senhor nosso; um Cristo alimento; um Cristo alimento para a vida eterna.

Significativo é que durante a fração e a mistura a assembleia cante o *Cordeiro de Deus* que tira o pecado do mundo. O canto é da assembleia, entoado pela assembleia que está se preparando para participar do Banquete do Cordeiro de Deus que dá a vida.

Hoje este rito passa muitas vezes quase despercebido. Muitas vezes ele é abafado pela ruidosa e pouco ritual saudação da paz. Para valorizá-lo importa compreender seu significado mais profundo. O rito receberá maior realce se observarmos o que se prescreve sobre a forma das hóstias: "A verdade do sinal exige que a matéria da celebração eucarística pareça realmente um alimento. Convém, portanto, que, embora ázimo, e com a forma tradicional, seja o pão eucarístico de tal modo preparado, que o Sacerdote, na Missa com o povo, possa de fato partir a hóstia em diversas partes e distribuí-las ao menos a alguns dos fiéis. Não se excluem, porém, as hóstias pequenas, quando assim o exigirem o número dos comungantes e outras razões pastorais. O gesto, porém, da fração do pão, que por si só designava a Eucaristia nos tempos apostólicos, manifestará mais claramente o valor e a importância do sinal da unidade de todos num só pão, e da caridade fraterna pelo fato de um único pão ser repartido entre os irmãos" (Instrução Geral, n. 283). Finalmente, importa realizar o rito com dignidade e vagar, depois de concluída a saudação da paz e fazendo coincidir a fração e a mistura com o canto do Cordeiro de Deus pela assembleia.

O CORDEIRO

Entre os grandes símbolos da liturgia temos a figura do cordeiro. Em todas as missas cantamos: "Cordeiro de Deus que tirais o pecado do mundo, tende piedade de nós"; e "Eis o Cordeiro de Deus, que tira o pecado do mundo".

O cordeiro é um símbolo cheio de significado se o considerarmos à luz da Sagrada Escritura. Já Abraão, quando foi poupado o seu filho Isaac, ofereceu em seu lugar um cordeiro para exprimir sua atitude diante de Deus. Mas o cordeiro adquire um significado especial na Páscoa dos judeus. Na ceia do Egito, eles aspergiram com o sangue de um cordeiro os umbrais das portas de tal sorte que o anjo exterminador, vendo o sangue, poupou os primogênitos dos israelitas. E cada ano, celebrando a Páscoa, as famílias dos hebreus comiam o Cordeiro pascal em comemoração à libertação do Egito.

Entre os povos nômades um cordeiro era oferecido aos deuses como primícias dos rebanhos, sinal de vida. O cordeiro tornou-se, já no Antigo Testamento, um símbolo de libertação e de vida de um povo. Então, no Novo Testamento, os evangelistas podem usar a imagem do cordeiro para significar o Messias. São João Batista aponta para o Messias chamando-o de "Cordeiro de Deus que tira o pecado do mundo". Não mais o que liberta um povo, poupando os primogênitos e fazendo, desta forma, partir um povo, mas o Cordeiro, Jesus Cristo, que liberta toda a humanidade por sua pregação, por seu sacrifício de obediência na cruz. Por isso São João faz coincidir a entrega de Jesus para ser crucificado com a hora em que eram imolados no templo os cordeiros para a festa da Páscoa.

O Apocalipse é um canto de louvor ao Cordeiro imolado e vitorioso.

Para melhor compreendermos o significado do símbolo do cordeiro, convém lembrarmos que a Páscoa era celebrada tanto com o cordeiro como com os pães ázimos. Eram duas festas de primícias. Na instituição da Eucaristia, Nosso Senhor usou para a comemoração da Páscoa dos cristãos não o cordeiro, mas o pão. Por isso, podemos dizer que, na Missa, Pão e Cordeiro significam a mesma coisa.

O CANTO

O Canto é um elemento de suma importância para uma celebração litúrgica frutuosa e particularmente para uma Celebração Eucarística, pois a Eucaristia é a expressão máxima de um povo em festa, comemorando a salvação trazida por Cristo e dela participando.

Distinguem-se dois tipos de celebrações eucarísticas: Celebrações do Ano Litúrgico, seguindo a comemoração dos mistérios de Cristo, a Páscoa semanal aos domingos e as festas dos Santos, que prolongam o mesmo mistério de Cristo; e celebrações eucarísticas de diversas circunstâncias, como celebrações de Sacramentos, comemorações de datas importantes e vivências de acontecimentos que marcam a vida de uma comunidade.

Por isso não se pode cantar qualquer coisa em qualquer Missa e em qualquer hora da Missa. Cada tempo litúrgico e cada solenidade comemora uma determinada faceta do Mistério de Cristo. Assim, o Advento proclama a vinda gloriosa de Cristo e prepara sua vinda no Mistério do Natal. Do Natal até a Epifania comemoramos a manifestação do Senhor. A Quaresma leva a Igreja a viver mais intensamente a penitência em atitude de conversão, tempo que culmina com a celebração da Paixão e Morte do Senhor. Na Vigília da Páscoa irrompe o grito de Aleluia que ressoa durante os cinquenta dias da alegria pascal. Ascensão e Pentecostes têm outrossim um caráter próprio. E temos, então, os domingos do tempo comum, como celebrações semanais da Páscoa.

O canto dá o colorido típico de cada tempo e de cada festa. O *Canto de entrada* apresenta o tema do mistério celebrado, unindo os corações da assembleia e dispondo-os para uma celebração frutuosa. Entre as leituras, o canto adquire um significado um pouco diferente. Após a primeira leitura, temos o *Salmo-gradual*, ou *Salmo de meditação*, que constitui como que uma ressonância poética de meditação e resposta à leitura. É como que a continuação da proclamação da Palavra de Deus em forma lírica. Supõe-se, portanto, que seja sempre um salmo que, aliás, já foi escolhido de acordo com a leitura.

A *Aclamação do Evangelho* tem finalidade totalmente diversa: constitui-se verdadeira aclamação, um grito de alegria por nos ser dado ouvir a mensagem da salvação, com uma frase bíblica em geral, que nos prepara para ouvirmos com proveito o Evangelho. Empobrecer-se-ia muito todo este conteúdo do Salmo responsorial e da aclamação do Evangelho, se houvesse uma monótona repetição de alguns poucos cantos que falam de forma vaga sobre a Palavra de Deus.

O *Canto do Ofertório* é facultativo. Pode ser cantado durante a preparação das oferendas. Terá a finalidade de realçar o sentido das oferendas, que querem significar o objeto da ação de graças e a nossa atitude sacrifical. Quer, afinal, preparar os nossos corações para a ação de graças e para o sacrifício com Cristo.

Já o *Canto da Comunhão* exprime a alegria da participação da Ceia do Senhor. O povo de Deus em marcha aproxima-se da fonte da vida, para que alimentado com o Corpo do Senhor possa continuar sua marcha até a Terra Prometida. Deve-se cuidar, porém, que não seja por demais estrepitoso, nem ocupe todo o tempo da procissão da Comunhão, para que os fiéis não se distraiam do essencial: a comunhão com seu Deus e com os irmãos, onde a linguagem do silêncio talvez seja a mais eloquente. É por isso que a Antífona da Comunhão, quando não for cantada, é proclamada antes de se iniciar a procissão da Comunhão, como tema de meditação durante a mesma.

Canto final não existe mais no esquema atual da Celebração Eucarística. Em todo caso não após a oração depois da Comunhão. Pode haver um canto de ação de graças no fim da Comunhão dos fiéis, quando muitas vezes, porém, será preferível um sagrado silêncio. Nada impede que no fim de tudo haja um canto de dispersão da assembleia, mas então seja de fato de dispersão, após a bênção e a despedida.

Poderíamos falar ainda dos cantos do Ordinário da Missa, como o *Senhor, tende piedade de nós,* o *Glória,* o *Creio,* o *Santo* e o *Cordeiro de Deus,* em geral muito pouco valorizados em nossas Celebrações Eucarísticas, bem como do canto dialogado com o Celebrante, como as orações Coletas, o Prefácio, a Consagração, a Aclamação após a Consagração, o Pai-nosso etc. Todos estes elementos são de grande importância para viver de modo mais solene e possivelmente mais participado e frutuoso a Celebração Eucarística.

Como as Missas do Ano Litúrgico e dos Domingos são caracterizadas sobretudo pelo canto, também as Missas de circunstâncias, onde o canto expressará de modo adequado o conteúdo da celebração.

O que ficou dito da Celebração Eucarística vale também da Celebração dos outros sacramentos, bem como da Profissão Religiosa.

Portanto, para uma Celebração litúrgica bem participada dever-se-á dar uma atenção toda particular ao canto que é um elemento essencial na celebração de um povo em festa.

O SILÊNCIO SAGRADO

A Fala é, sem dúvida, o meio mais importante e comum de o homem se comunicar. Mas não será o único nem o mais profundo.

Assim, quando o Concílio pede uma participação ativa e consciente na Liturgia para que ela seja frutuosa, muitos imediatamente se preocuparam com uma participação falada. Pensa-se que quanto mais se fala na Missa, por exemplo, quanto mais se canta do começo ao fim, tanto melhor se participa dela. Pode existir nisso um grande equívoco que devemos evitar.

O importante na Liturgia é comunicar-se com Deus. E nós nos podemos comunicar com Ele de várias maneiras. Temos antes de mais nada a linguagem falada. Além disso, comunicamo-nos com Deus, escutando. Eis o sentido do canto executado por outros, como os solos e os cantos a mais vozes.

Podemos comunicar-nos ainda pela vista. Eis o sentido dos gestos, das cerimônias, da arte, dos paramentos, da ornamentação da igreja e o próprio recinto da igreja. Tudo nos quer levar a uma atitude de elevação religiosa.

Podemos participar ainda pelo sentido do olfato. Temos então o lugar para o bom odor das flores e do incenso que não foi abolido.

Por fim, uma das linguagens mais significativas é certamente o silêncio, tão pouco respeitado na nossa Liturgia. O silêncio é importante. O silêncio para escutar, o silêncio para ver, o silêncio para meditar.

Não queiramos encher tudo com canto, com palavras, com barulho. Quanto mais uma comunidade compreender o que seja Liturgia, mais ela fará silêncio para que Deus possa falar em seu coração.

Por isso, devemos valorizar bastante os momentos de silêncio previstos na Missa: o exame de consciência no início; a oração silenciosa do *Oremos* antes da Coleta; um silêncio de escuta e meditação depois das leituras sem aquela preocupação de logo encher o tempo com canto.

A preparação das oferendas pode ser feita em silêncio, acompanhando-se os gestos do Celebrante, preparando os nossos corações para o louvor e o sacrifício. Em si não é previsto nenhum canto na hora do "Ofertório".

O silêncio interior, a participação interior através do escutar fará com que não queiramos dizer toda a Oração Eucarística com o Celebrante, como infelizmente, por falta de compreensão dos diversos modos de participar, muitas vezes se faz.

Por fim, o silêncio da Comunhão. Onde há verdadeiro encontro de amor, a linguagem mais eloquente será a do silêncio. Devemos respeitar este silêncio entre a pessoa e Deus, não colocando a todo custo cantos para ocupar-nos durante a Comunhão.

Tenho a impressão de que muitas comunidades estão cansadas de tanta "falação" durante a Missa. É preciso descobrir de novo a linguagem do silêncio.

O que foi dito a respeito da Missa vale da Liturgia em geral, e de modo particular para a Liturgia das Horas. Eis o que diz a Instrução geral sobre a Liturgia das Horas: "Dado que nas ações litúrgicas deve-se procurar em geral que se guarde também em seu tempo um silêncio sagrado, dê-se ocasião de silêncio também na celebração da Liturgia das Horas. Por conseguinte, se parecer oportuno e prudente, para facilitar a plena ressonância da voz do Espírito Santo nos corações e para unir mais estreitamente a oração pessoal com a Palavra de Deus e com a voz pública da Igreja, pode-se intercalar um tempo de silêncio, após cada salmo, tendo repetido sua antífona, segundo antiga tradição, sobretudo se depois do silêncio se acrescentar a coleta do salmo (cf. n. 112); ou após as leituras, sejam breves ou longas, antes ou depois do responsório. Contudo deve-se evitar introduzir um silêncio tal que deforme a estrutura do Ofício, ou que ocasione mal-estar ou tédio aos participantes".

O TEMPLO

Templo e igreja não significam bem a mesma coisa. Na Antiguidade o templo não era tanto o lugar de culto das pessoas como o lugar da especial habitação de Deus. Tanto para os pagãos como para os judeus, em relação ao Santo dos Santos, era um lugar pequeno e escuro. Sendo a habitação divina não havia necessidade de luz, sendo a divindade a própria luz.

O Templo de Jerusalém, objeto de frequente meditação nos Salmos, constituía o lugar da especialíssima habitação de Deus no meio de seu povo; de sua presença protetora da cidade, de manifestação de sua glória. É o lugar do encontro especial entre Deus e o homem, o coração da nação, o lugar por excelência da oração, das aspirações mais santas de todo piedoso judeu que como o salmista desejava permanecer nos átrios do Senhor. Aos poucos o Templo de Jerusalém torna-se também o centro cultual do povo judeu.

Cristo veio trazer uma nova visão das coisas. Ele afirma que existe algo maior do que o Templo (Mt 12,6). O verdadeiro templo não consta de pedras materiais, mas se compõe do Corpo de Cristo. Neste sentido Jesus diz aos judeus: "Destruí este templo e em três dias hei de reconstruí-lo" (Jo 2,19).

Em Jesus se realiza a presença mais intensa de Deus neste mundo. De tal forma o divino e o humano se encontram nele que constituem uma só pessoa. Em Cristo pode ser erguida em cada cristão uma morada de Deus. Assim escreve São Paulo aos coríntios: "Não sabeis que sois templo de Deus e que o Espírito Santo habita em vós?" (1Cor 3,16). E o conjunto dos cristãos e de todos os homens de boa vontade vão formando pouco a pouco um templo santo no Senhor, sobre o fundamento dos apóstolos e profetas, sendo Jesus Cristo a pedra angular (cf. Ef 2,20). Na nova Jerusalém não haverá templo, pois seu templo é o Senhor, Deus todo-poderoso, e o Cordeiro (cf. Ap 21,22).

Eis por que por ocasião da morte de Cristo o véu do Templo se rasgou de alto abaixo. O culto ritual do Antigo Testamento era substituído pelo culto espiritual em Cristo. Os templos materiais em si mesmos não têm mais valor. O que importa é edificar o templo espiritual formado de pedras vivas.

O ALTAR

O altar constitui, sem dúvida, o centro de uma igreja católica. É de tal importância que em geral é consagrado e fixo.

O que representa o altar? É um elemento bastante comum na expressão cultual dos povos. É antes de tudo o lugar do sacrifício. Pode significar ainda o centro do mundo, o lugar de encontro com a divindade. Aparece ainda como símbolo da totalidade, da pureza virginal. Por isso, era geralmente de pedra natural. Pode expressar ainda o centro de unidade.

No Novo Testamento o altar é antes de tudo a mesa sagrada da Ceia do Senhor, intimamente ligada ao Sacrifício da Cruz. O sacrifício cristão é um sacrifício espiritual de ação de graças com Cristo, em que oferecemos o nosso coração, reconhecendo a Deus como nosso Criador e Senhor. O altar cristão é essencialmente a mesa do sacrifício, realizado em forma de Ceia eucarística. É, pois, o lugar em que se torna presente o sacrifício da Cruz, sob os sinais sacramentais para que dele participemos; é igualmente a mesa do Senhor a cuja participação o povo de Deus é convidado; é ainda o centro da ação de graças que se realiza pela Eucaristia através do sacerdote ministerial.

Sendo assim, o altar tornou-se símbolo do próprio Cristo. Aí Ele se torna presente na atitude sacrifical da Cruz; aí Ele se torna presente como pão vivo descido dos céus. Como a Cruz, também cada altar cristão torna-se centro do mundo, pois Cristo é a pedra rejeitada pelos construtores, mas que se tornou pedra angular. Em torno do altar cristão, pela ação de graças que evoca o sacrifício da Cruz, realiza-se o encontro com a divindade, com Cristo-Deus e, através dele, com o Pai. Cristo constitui a totalidade, reunindo todos os povos na unidade em torno do sacrifício de reconciliação. Ele faz com que todos os homens possam recuperar a integridade original. E desta forma o altar – Cristo – torna-se o centro da unidade na comunhão fraterna.

O altar, sendo símbolo de Cristo, é também símbolo do cristão. O altar consagrado significa o coração de cada pessoa no qual arde o sacrifício do amor a Deus qual chama eterna. Santo Ambrósio considerava as virgens consagradas como altares do Deus altíssimo.

Por tudo isso, o altar cristão merece profunda reverência. Nunca será uma mesa qualquer. Numa igreja maior aconselha-se um altar fixo e consagrado que não se transporte de cá para lá. Veneramo-lo por inclinações de respeito; o sacerdote o venera ainda pelo ósculo no início e no fim da Missa e nas celebrações mais solenes pela incensação. A reverência ao altar dirige-se realmente a Cristo. Passando diante do altar deveríamos saudar nele a Cristo, por uma profunda inclinação. Tudo depende da maneira como nós o fazemos e do sentido que damos. Em todo caso, o altar no centro do templo cristão evoca de uma maneira toda particular a presença de Deus.

AS VESTES

Também no uso das vestes a arte está a serviço da vivência litúrgica por ser um meio de comunicação.

O homem faz uso de vestimentas, sem dúvida, para defender-se do frio e do calor. Mas o sentido da veste vai muito além deste uso utilitário.

Perguntando, então, pelo sentido das vestes em geral, perguntaremos depois sobre o porquê das vestes litúrgicas. Pelo traje o homem procura comunicar-se no seu relacionamento social. Pelo fato de o corpo constituir como que o sacramento do mistério do homem, ele o recobre. Quer significar com isso que o homem não é apenas aquilo que se pode perceber pelos sentidos. Vai muito além de sua corporeidade.

Interessante notar que o homem gosta de recobrir, velar aquilo que valoriza de modo especial. Assim também o corpo humano. Cria-se, então, aquele jogo do velar-se e desvelar-se, na medida em que a pessoa deseja comunicar-se ou na medida em que é necessário para que possa comunicar-se. Assim surgiram através da história as diferentes vestimentas usadas nos momentos importantes da vida e em determinadas funções na sociedade humana. Temos, por exemplo, a veste batismal, de Primeira Comunhão, o vestido de noiva, a farda militar, a veste do religioso, do juiz, do sacerdote. Usamos roupas diferentes para o trabalho, o divertimento e a festa. Elas são a expressão de um estado de alma como a alegria, a festa ou o luto. Podem exprimir também uma função.

Em vista da capacidade de a veste humana tornar-se uma linguagem, uma comunicação, ela pode demonstrar também uma realidade religiosa. Para significar que o homem rompeu com o divino que o envolvia, o autor do Gênesis usa a imagem da veste. Adão e Eva sentiram-se nus porque não mais estavam revestidos, envolvidos pelo mistério de Deus (cf. Gn 3,7). São Paulo usa frequentemente em seus escritos a imagem do despir-se do homem velho e revestir-se de Cristo para traduzir a realidade da nova vida em Cristo.

Como as demais vestes, também as litúrgicas possuem dupla função, significando estados de alma e o ministério exercido. As vestes litúrgicas, das mais simples às mais ricas, criam um clima de alegria, de elevação, de festa, ajudando desta forma a assembleia a manifestar-se como um povo em festa pela salvação em Cristo.

Quando falamos em vestes litúrgicas parece não devamos pensar apenas nas vestes sacerdotais. Deveríamos pensar na veste que usa qualquer cristão ao participar do culto. Por uma veste melhor ele procura criar e expressar o ambiente de festa; a veste nova torna-se um convite para revestir-se de Cristo. Claro que isto não constitui algo de essencial. O pobre sem recursos não deixará de participar da Eucaristia por não possuir um traje adequado, mas, quem sabe, procurará trazê-lo bem asseado e arrumado como ao receber uma visita importante em sua casa.

Haverá, pois, um traje para sair a passeio, outro para a praia, o esporte e outro ainda para os momentos do culto, o qual não será motivo de atenções que distraiam, mas que possa realmente elevar sua mente e a dos demais participantes da assembleia. A veste quer ajudar a comunicar-nos com Deus.

Para o sacerdote e todos os que tiverem funções especiais, o vestuário pretende ainda exprimir ou realçar sua função. A vestimenta especial do sacerdote não constitui elemento essencial na Liturgia. Mas se colocarmos a questão nestes termos, creio que não entendemos nada do sentido dos sinais litúrgicos. Devo perguntar-me antes: "Será que as vestes sacerdotais ajudam a mim e a toda a assembleia a viver melhor o mistério celebrado?" Não estamos, portanto, na linha do essencial, do necessário, mas daquilo que convém, daquilo que tem sentido.

Mantendo seu sentido fundamental de comunicar com os mistérios celebrados, as vestes poderão assumir as formas mais diversas. O feitio dos nossos paramentos constitui uma das formas possíveis na procura de novas e mais apropriadas formas ao nosso tempo. Uma coisa me parece certa. As formas variam através dos séculos, mas o vestuário como tal será sempre um elemento valioso na expressão religiosa do homem.

O VÉU

O véu que cobre a face servia originariamente para afugentar más influências. O véu de luto devia proteger contra os espíritos dos mortos; o véu da noiva, contra demônios tentadores. Em Roma, as vestais, como noivas puras da divindade, usavam um véu branco com orlas de púrpura.

O gesto de cobrir a face é expressão de recato e distância. Desde os primeiros séculos da Igreja, as virgens consagradas deviam usar um véu. O próprio rito de consagração das virgens era chamado "velatio virginum". Aos poucos o véu transforma-se num sinal visível de que a religiosa é propriedade exclusiva de Deus, não estando mais a serviço do mundo. No Rito da Profissão se diz o seguinte: "Recebe este véu, sinal de que estás unida a Cristo e entregue ao serviço da Igreja".

Sem entrar no mérito da questão sobre o sentido e a validade do uso do véu por parte das mulheres durante o culto, prefiro tecer aqui algumas considerações sobre outros usos do véu, procurando seu significado mais profundo.

Queiramos ou não, o véu continua sendo uma linguagem, porque participa da linguagem da veste em geral.

Temos primeiramente o véu de noiva. Pertence à linguagem do jogo do amor. Significa a total pertença ao bem-amado. É verdade que em nossos dias estas vestes, por força da moda e da quase tirania dos costureiros, já perderam muito de sua linguagem. Talvez a forma mais significativa do véu fosse aquela em que a noiva deixa o véu cair sobre a face. Assim, o gesto de o noivo, após o consentimento, descobrir a face da noiva, dando-lhe um ósculo no semblante, adquire um significado muito rico.

Em outros ritos do matrimônio, a certa altura, o sacerdote pega na orla do véu da noiva e o coloca sobre os ombros do noivo. Os dois se pertencem; os dois formam um. Em outras regiões, ainda existe o rito da *velatio* com um grande véu ou lençol com o qual são cobertos ambos os noivos, diante de toda a comunidade. Isso significa: O jogo do amor conjugal reservado para os dois e realizado na intimidade de sua convivência deverá servir de testemunho do amor de Cristo a toda a comunidade.

É próprio da linguagem humana cobrir, velar um tesouro, não o expondo aos olhares de todos. Assim também no culto. Temos, então, o *véu do sacrário*. Nos últimos anos ele quase desapareceu. Procura-se ornar as portas dos sacrários. Mas nem sempre somos bem-sucedidos, sobretudo quando o sacrário é de metal, que por natureza é pouco acolhedor. Por isso, parece que ainda tem sentido o véu do sacrário. O véu em forma de cortina diante da porta é sinal de respeito; vela e revela o mistério da Eucaristia contido no sacrário.

Temos depois o *véu do cibório*. Não absolutamente prescrito em rubricas, mas expressão de calor humano, de mistério, de acolhimento, de carinho. O frio metal não inspira calor humano.

Por fim o *véu do cálice* previsto pelas rubricas. Após o Vaticano II, insiste-se em não usá-lo. Se em nossas famílias já cobrimos um objeto precioso, já cobrimos um cesto de pão ou uma jarra de vinho, por que não fazer o mesmo com o cálice colocado sobre a credência? Se já envolvemos em papel precioso um presente que damos a alguém, quanto mais deveríamos ter um carinho especial pelas coisas mais sagradas de nossa religião.

Trata-se aqui do jogo da linguagem simbólica no relacionamento dos homens entre si e dos homens com seu Deus. Por isso, não podemos colocar a questão no nível da necessidade, do obrigatório, mas no nível do sentido, da conveniência. Aliás, toda a linguagem simbólica da Liturgia compara-se à linguagem do véu, que vela e revela ao mesmo tempo, que esconde e mostra sob o véu dos sinais litúrgicos, compreensíveis apenas à luz da fé.

ANEL-ALIANÇA

Aqui o símbolo já é chamado pelo que significa. O significado principal do anel é realmente a aliança. Sua forma circular evoca a eternidade, a permanência, a fidelidade. O anel é outrossim sinal de dignidade e de poder.

O antigo costume dos romanos de trocarem anéis por ocasião do casamento, como símbolo da mútua união, passou mais tarde para o rito do matrimônio cristão. Os anéis dos esposos, chamados também alianças, são sinal de amor e fidelidade, de amor total e sem fim. Estes anéis deverão recordar sempre a aliança de amor e fidelidade para com a pessoa amada, para com Deus e o testemunho de amor e fidelidade diante da comunidade cristã. Como já dissemos, o símbolo é a presença da mesma realidade em outra forma. Assim, o anel de casamento que um cônjuge traz em seu dedo evoca, oculta, significa, constitui continuamente a presença do outro cônjuge em sua vida. Não somos mais dois, somos um só; onde estou eu, está ela; onde estou eu, está ele. Tem grande sentido, portanto, o gesto de o viúvo ou a viúva passar para o próprio dedo o anel do cônjuge já falecido.

O anel conferido às religiosas é símbolo das núpcias da alma consagrada com Cristo, sendo, pois, um desafio à santidade da consagração total a Deus. Diz a oração que acompanha o gesto: "Recebe esta aliança de esposa do Rei eterno; sendo-lhe fiel, chegarás à alegria das núpcias celestes".

O anel do Bispo também não constitui mero enfeite ou manifestação de sua função ou dignidade. Seu significado vai muito além. Diz o Ritual da Ordenação de um Bispo: "Recebe este anel, símbolo da fidelidade; e com fidelidade invencível guarda sem mancha a Igreja, esposa de Deus".

Portanto, usar ou não alianças como casados ou noivos não é questão de esnobismo ou de espírito de contradição, mas brotará da compreensão ou não da linguagem simbólica na vida dos homens.

A COROA (OU A GRINALDA) E A PALMA

Coroa e grinalda não se diferenciam muito em seu simbolismo. Chegam mesmo a equiparar-se. A grinalda trançada de folhas de plantas e flores originariamente era considerada como transmissora de forças especiais. Entre os gregos e os romanos a coroa-grinalda era símbolo de vitória e consequentemente de glória. Na Bíblia era sinal de fama, de veneração e de alegria. A coroa propriamente dita significa mais a dignidade e o poder.

A coroa em suas mais diversas formas constitui sobretudo o símbolo da vitória e da recompensa. Assim, os imperadores ou generais romanos eram coroados após uma vitória sobre o inimigo; eram coroados os atletas vitoriosos nas competições. Eram coroados também os poetas, os escritores e os noivos.

Só pode ser coroado quem enfrentou o inimigo, quem travou um combate, quem de alguma maneira saiu vencedor.

Também no Novo Testamento fala-se mais de uma vez da coroa da vitória dos cristãos contra o mal, sobretudo da coroa do martírio. Conforme o Apocalipse, a quem for fiel será dada a coroa da vida.

Ainda hoje nas competições esportivas os vitoriosos são coroados; pensemos na volta olímpica de Pelé, ao despedir-se do futebol brasileiro, ou na coroa recebida pelos campeões do automobilismo mundial.

No culto católico a coroa e a grinalda também têm seu uso. Este símbolo ocorre sobretudo na festa dos Mártires, das Santas Virgens e dos Santos em geral. Fala-se de coroa do martírio e da coroa da virgindade. No Prefácio dos Santos I, lemos: "Na assembleia dos santos vós sois glorificados porque, coroando seus méritos, exaltais vossos dons". E mais adiante: "possamos receber com eles a coroa imperecível por Cristo, Senhor nosso".

Os santos em geral, mas de modo particular os mártires, são aqueles que com Cristo lutaram, venceram e agora triunfam em sua glória. Assim como os imperadores vitoriosos eram coroados na celebração do triunfo, ao voltarem a Roma, assim como Cristo, vencendo o pecado e a morte, foi glorificado pelo Pai, também os santos participam da vitória, do triunfo, da glória e da recompensa com Cristo no Reino dos Céus. Toda esta realidade: vitória, triunfo, glória, imortalidade, recompensa e alegria é significada pela coroa.

Compreende-se, então, melhor o significado do uso da coroa no culto cristão. A noiva no dia de suas núpcias usa uma grinalda. Quer simbolizar a virgindade conquistada e a vitória do verdadeiro amor. Por isso, ela entra na igreja coroada, ao som de uma marcha triunfal. Ela vem conduzida em geral pelo pai, sim, mas marcha livre ao encontro do amado, que vem em nome de Cristo ao encontro dela; ele vem do altar, para conduzi-la ao altar, pois é em Cristo e por Cristo que os dois podem começar sua marcha triunfal do amor. Em liturgias orientais não só a noiva, mas também o noivo é coroado.

Temos ainda o uso da coroa nos funerais. É o mesmo significado. Sinal de homenagem, vitória e recompensa. A comunidade deseja ao que partiu para junto do Pai toda alegria, toda recompensa, toda felicidade expressa pela coroa que significa a vitória no peregrinar deste mundo. Agora ele descansa de sua luta, mas acreditamos que participe da imortalidade de Deus e de sua glória eterna.

Poderíamos pensar ainda aqui nas coroas dos primiciantes, praticamente caída em desuso, talvez por falta de compreensão de seu significado. A coroa dos jubilandos terá grande sentido. Sinal de vitória, de alegria, de recompensa pela etapa da vida vencida na fidelidade do compromisso.

Acrescentemos ainda o significado da coroa de espinhos na Liturgia popular da Sexta-feira Santa no descendimento de Cristo da Cruz e da coroação de Nossa Senhora, seja de suas imagens, de modo particular nos seus Santuários, seja no encerramento do mês de maio, seja ainda no próprio dia da Páscoa como se faz em muitos lugares.

A *palma* tem um significado bastante semelhante ao da coroa. O imperador vitorioso recebia não só a coroa, mas também uma palma na mão. Ela é símbolo da vitória, da recompensa, da imortalidade, mas, de modo particular, de alegria. No Apocalipse, os mártires seguram palmas nas mãos. Significa que eles venceram as realidades terrenas e receberam a recompensa eterna. Por isso se fala também de palma do martírio.

O uso da palma na Liturgia do Domingo de Ramos quer exprimir a alegria pela vitória de Cristo. E se o cristão leva esta palma para sua casa, não deve pensar apenas em afastar o mal, em afugentar raios e tempestades, mas deverá recordar sempre que caminhando com Cristo para Jerusalém, até o Calvário e a Cruz, mantendo-se sempre vencedor sobre o mal, participará também de sua glória, já neste mundo, na paz e na alegria e no mundo futuro, participando de sua imortalidade na felicidade eterna.

O buquê de flores ou a rosa levada pela noiva no dia de seu casamento constitui uma variação da palma da vitória. Ele significa a alegria e a recompensa da vitória do amor. Por isso, este símbolo não deveria ser desnaturado, substituindo-o por um crucifixo ou um terço, por mais importantes que eles sejam. Nem por uma rosa artificial. Assim como a rosa natural é vulnerável e por isso mesmo deve ser tratada com todo cuidado, também o amor conjugal. Sem o cultivo diário, deixando-se de regá-lo diariamente no amor de Cristo, também ele perderá seu viço e acabará por se desfazer.

O FOGO

Várias são as características do fogo: ele ilumina, aquece, purifica, consome e destrói. Por causa dessas suas características ele se tornou entre os povos símbolo tanto do divino como do diabólico.

No Antigo Testamento o fogo é usado para significar a natureza e a ação de Deus. Deus aparece a Moisés na sarça ardente; guiava o povo na saída do Egito por uma coluna de fogo; manifestou-se ao povo no Monte Sinai no meio de relâmpagos.

No Novo Testamento o fogo aparece mais como purificação pelo julgamento. João Batista afirma que virá alguém que há de batizar no Espírito Santo e no fogo (Mt 3,11). Jesus diz de si mesmo: "Eu vim lançar fogo à terra, e que quero senão que ele se acenda?" (Lc 12,49). Jesus busca a realização do Reino de Deus e por isso deseja o fogo purificador. No dia do Senhor, conforme São Pedro, os céus inflamados hão de se dissolver e se hão de fundir os elementos abrasados (2Pd 3,12). A própria efusão do Espírito de Pentecostes é descrita pela imagem de línguas de fogo (At 2,3). E o Espírito Santo é aquele que vem julgar o mundo do pecado e da justiça.

O fogo novo tirado da pedra virgem na Vigília da Páscoa simboliza Cristo que, saindo do sepulcro de pedra, vai ao encontro de sua glória. O Círio pascal representa Cristo, princípio de salvação. Cristo é a verdadeira coluna de fogo que serve de guia para o seu povo. É na justiça de Cristo que todo cristão é batizado. Nele se infunde o fogo do Espírito Santo. Um fogo purificador do pecado, um fogo que dá nova vida, fogo do amor de Deus que transforma todas as coisas.

Invocando o divino Espírito Santo, a Igreja reza: "Vinde, Espírito Santo, enchei os corações "de vossos fiéis e acendei neles o fogo do vosso amor". Como os sacrifícios dos holocaustos, nossas vidas deverão ser consumidas pelo fogo do amor de Deus, tornando-se um sacrifício vivo para o louvor de sua glória.

A lâmpada acesa junto ao sacrário, alimentada pelo azeite, significa a presença do sagrado, do divino. Sob este aspecto as lâmpadas elétricas perdem muito do seu simbolismo. Se os jogos olímpicos, se os heróis da pátria merecem a presença permanente de um "fogo sagrado", quanto mais a presença sacramental de Jesus Cristo na Eucaristia.

O INCENSO

O uso do incenso teve desde a Antiguidade um sentido de purificação e proteção. Para os egípcios ele constituía uma forma de manifestação da divindade. No culto dos mortos via-se no uso do incenso um guia para a vida do além.

Aos poucos, no contexto de uma religiosidade mais espiritual, o incenso tornou-se símbolo da oração que se eleva a Deus, significando também a adoração prestada aos deuses.

No judaísmo o incenso era símbolo da adoração e do sacrifício. O odor do incenso devia servir também para aplacar a ira de Javé. De modo geral, o incenso constitui um símbolo de adoração e de veneração a Deus. O sacrifício do incenso e a adoração se identificam, sendo ambos um sacrifício a Deus (cf. Sl 141,2).

Por causa do uso do incenso nas religiões pagãs, os cristãos dos primeiros séculos mostraram-se avessos ao seu uso litúrgico. Aos poucos, porém, a partir do século IV, o incenso começou a ser usado nas tumbas e altares dos mártires. A bênção do incenso colocado em turíbulos transformou-se num sacramental. A incensação em forma de cruz quer simbolizar o Sacrifício da Cruz; e a incensação das oferendas em forma circular, a total pertença das oferendas a Deus, retirando-as do uso profano. Quando são incensados pessoas e objetos, quer se expressar a veneração a eles devida, veneração, em última análise, dirigida ao próprio Deus. Mesmo a insensação de um cadáver ou de um túmulo terá este significado.

Na Liturgia renovada pelo Vaticano II, o incenso mantém ainda o seu lugar. Pelo fato de ser facultativo não perde sua importância. Ele terá sempre um sentido de oração e sacrifício, de presença de Deus. Na Celebração Eucarística ele poderá ser usado para incensar o altar, a cruz, o livro dos Evangelhos, as oferendas, o celebrante, a assembleia e o próprio Cristo sacramentalmente presente na hora da Consagração.

Vemos que todos estes elementos e pessoas são sinais mais ou menos densos da presença de Deus no meio da assembleia.

Além disso, pode-se usar o incenso nas Bênçãos do Santíssimo, nas Vésperas cantadas, nas exéquias e em outras bênçãos de objetos e lugares sagrados.

O seu uso está bastante ligado ao ministério dos coroinhas ou outros ministros. Exige certamente um maior esforço em abrilhantar o culto da comunidade. Talvez por isso mesmo ele tenha caído quase em desuso, no culto católico, transferindo-se até aos cultos afro-brasileiros.

Parece-me de grande proveito a redescoberta do sentido e a retomada do uso do incenso na Liturgia católica. É um símbolo que não atinge apenas um sentido. Sua linguagem atinge simultaneamente vários sentidos. Em primeiro lugar, a vista: temos a fumaça, ou a nuvem, que sempre significou a presença de Deus entre os homens. Significa ainda a oração que se eleva aos céus.

Atinge sobretudo o olfato. Hoje, mais do que nunca, também o olfato constitui um meio de comunicação, uma linguagem. São Paulo pede que os cristãos sejam o bom odor de Cristo; para tanto somos ungidos pelo óleo perfumado do crisma. O uso do incenso atinge até o ouvido pelo som ritmado do turíbulo.

Trata-se aqui de valores que podem ser aproveitados na linguagem do religioso. Se acentuarmos por demais em nossa Liturgia o sinal falado, a palavra apenas, corremos o risco de intelectualizá-la e despojá-la. A linguagem da Liturgia atinge o homem todo; não apenas sua inteligência, seu intelecto. Se não valorizarmos estes sinais que atingem os diversos sentidos do homem, o homem em sua totalidade voltado para Deus em oração, outras formas sincretistas de culto ganharão terreno em detrimento do culto cristão católico. Não se trata, no entanto, de conservar estes sinais só por serem tradicionais, mas de valorizar a linguagem sagrada em toda sua amplitude, contanto que seja redescoberta em seu sentido de linguagem do sagrado.

A CINZA

O emprego das cinzas era difundido na maioria das religiões antigas. Simboliza ao mesmo tempo o pecado e a fragilidade humana. Cinzas, pó e terra praticamente se equiparam.

O terceiro capítulo do Gênesis descreve como o homem, feito de barro, tornou-se um ser vivente pelo sopro da vida provindo de Deus (Gn 2,7). Quando o homem deixou de reconhecer sua condição de criatura, querendo igualar-se a Deus, comendo da fruta proibida, teve que voltar à terra de que fora tirado, "porque és pó, em pó te hás de tornar" (Gn 3,19).

E somente quando o homem reconhece que é pó, que faz parte da terra, e que tudo o mais provém de Deus, é gratuidade de Deus, brotará novamente a vida desse pó. Assim, o Filho de Deus aceitou descer à sepultura, voltar à terra; por isso, Deus o exaltou e lhe deu um nome que está acima de todo nome (cf. Fl 2,9). Daí por diante, o pó e de modo especial as cinzas adquiriram um significado especial na Liturgia cristã. Temos sobretudo o rito da imposição das cinzas no início da Quaresma. Ela exprime uma confissão pública, por parte da assembleia reunida, de sua condição de pecadora. É sinal de penitência e conversão. O pecador, em vez de se empedernir no seu orgulho, confessa que não passa de cinza e pó. O homem experimenta o próprio nada. Para expressá-lo, cobre-se de cinza. Assim ele se reconhece pecador e frágil, prevenindo o julgamento de Deus e atraindo a sua misericórdia.

Note-se que as cinzas usadas na Quarta-feira de Cinzas provêm das palmas triunfais do Cristo vitorioso sobre o pecado e a morte. Cristo, morrendo, deu nova vida à terra, conquanto o homem se reconheça como terra. A quem assim confessa o próprio nada faz-se ouvir a promessa do Messias que vem triunfar do pecado e da morte, consolar os aflitos e dar-lhes, em lugar de cinzas, um diadema (cf. *Vocabulário de Teologia Bíblica*).

As cinzas colocadas em nossas cabeças no início da Quaresma constituem, portanto, sinal de penitência, de humildade, de reconhecimento de nossa condição de criaturas mortais. Mas as cinzas, pelas palmas do Domingo de Ramos, estão intimamente ligadas ao mistério pascal. A palma é sinal de vitória. Contudo, para chegarmos a esta vitória teremos que passar pelo fogo purificador do sofrimento e da morte, pelo fogo do aniquilamento do orgulho e do egoísmo. A comunidade é convidada a realizar um processo de conversão. Assim, de coração purificado, poderemos celebrar o mistério pascal de Cristo, porque Jesus Cristo, por sua vitória sobre a morte, colocou nas cinzas a esperança das palmas da vitória na ressurreição. É como diz uma das orações da bênção das cinzas: Reconhecendo que somos pó e ao pó voltaremos, consigamos, pela observância da Quaresma, obter o perdão dos pecados e viver uma vida nova, à semelhança do Cristo ressuscitado.

O rito da imposição das cinzas não deveria ser uma pura cerimônia vazia, de caráter quase mágico, como se cancelasse automaticamente todos os excessos cometidos durante o Carnaval, mas uma disposição profunda de alma para iniciar os exercícios de conversão da Quaresma, pela oração, o jejum e a esmola, atitudes que situam o homem em seu verdadeiro lugar, diante de Deus, das criaturas e dos homens. Assim, das cinzas do Cristo morto em cada um de nós, poderá ressurgir o homem novo, vencedor do pecado e da morte.

O JEJUM

O jejum oficial da Igreja restringe-se a dois dias do ano: Quarta-feira de Cinzas e Sexta-feira Santa. O jejum da Igreja está intimamente ligado aos exercícios quaresmais da oração, jejum e esmola. Compreendendo o sentido do jejum entenderemos melhor também o alcance da oração e da esmola como símbolos quaresmais.

Jejuar em sua materialidade é abster-se de comida e de bebida. Contudo, o jejum vale não pelo que é, mas pelo que significa.

Devemos situar o jejum no contexto da vocação do homem como sacerdote, rei e profeta. O jejum tem a ver com a relação do homem com o mundo criado.

O homem foi constituído rei da criação. É chamado a dominar a terra, a submetê-la, a ser o senhor sobre as coisas. Acontece, porém, que muitas vezes se deixa escravizar. Onde ele é chamado a ser senhor, torna-se escravo; apodera-se das coisas, escravizando-se a elas. Isto se manifesta de modo mais forte e concreto no comer e no beber. Comer significa apoderar-se das coisas, fazer suas as coisas. Acontece, porém, que muitas vezes o homem se deixa escravizar por elas.

Então, jejuar significa abster-se do alimento, respeitar o alimento, ter uma atitude de liberdade, uma atitude de senhor diante do alimento. Neste momento a comida e a bebida tornam-se símbolo de tudo quanto possa escravizar o homem. Significam as riquezas e os haveres materiais; significam também as paixões, as tendências prejudiciais; as ideias, as aspirações desordenadas; a fama, as posições, o egoísmo, enfim. Diante de tudo isso, o homem é chamado a ter uma atitude de respeito, uma atitude de liberdade.

Jejuar significa, portanto, respeitar as coisas que nos cercam, é ser livre; é não apoderar-se delas; não deixar-se dominar por elas.

O rito do jejum celebra, portanto, a capacidade do homem de respeitar as coisas, sua atitude de liberdade diante delas.

Pelo jejum ele imita o próprio Cristo que por seu jejum de quarenta dias quis manifestar sua atitude de respeito e liberdade diante da natureza, como rei da criação. Jejuando, a Igreja, por sua vez, torna presente Cristo em sua atitude de respeito e liberdade diante da natureza.

Por isso, o homem não deveria jejuar apenas nos poucos dias marcados; abster-se livremente do comer e beber transfigura o homem em sua liberdade. O mais importante, porém, é viver o que significa o jejum: a liberdade de rei da criação em todos os momentos de sua vida.

A ESMOLA

Quando a Igreja convida os fiéis a exercerem a esmola durante a Quaresma ou a depositarem uma certa soma na coleta da Missa por ocasião da preparação das oferendas, sabe muito bem que não é pela esmola em si que ela vai resolver os problemas sociais e realizar a promoção humana, mas sabe também que é pelo que a esmola significa que ela vai realizar uma verdadeira promoção humana.

A esmola atinge o relacionamento do homem com o próximo na virtude teologal da caridade. O que significa a esmola? Esmola significa dar de graça, dar sem interesse, sem egoísmo, sem pedir recompensa. O homem recebeu tudo de seu Criador. Tudo quanto tem, possui-o porque recebeu. Ora, se Deus dá de graça e se o homem é criado à imagem e semelhança de Deus, também ele será capaz de dar de graça. Ao descobrir que dentro dele existe a sublime capacidade de dar de graça, brota nele o desejo de celebrar esta maravilhosa realidade.

Quando, pois, na Quaresma a Igreja convoca a todos os fiéis a darem esmola, ela comemora aquele que por excelência exerceu a esmola: Jesus Cristo. Convida o homem à atitude de abertura ao próximo, convida-o a dar de si mesmo, convida-o a servir ao próximo com generosidade e desprendimento. Ora, neste momento a esmola começa a significar toda esta atitude de doação gratuita. Não só de bens materiais, mas o tempo, o interesse, as qualidades, o serviço, o acolhimento, a aceitação. E todo este mistério de abertura e gratuidade em favor do próximo na imitação de Deus e de Cristo possui, então, uma linguagem ritual: tem o valor de símbolo.

Pela celebração da esmola a Igreja comemora a generosidade de Cristo que deu sua vida pelos seus e torna presente Cristo dando-se a seus irmãos em cada cristão, formando o seu Corpo.

Portanto, não é a quantia que importa, mas o que o gesto da esmola significa. Exercitando a atitude da esmola durante a Quaresma, a Igreja quer levar os cristãos a viverem a atitude da esmola durante todo o ano, durante toda a vida. Descobrimos, então, que no exercício da esmola está contida a atitude de conversão, em relação ao próximo.

Devemos, pois, distinguir em tudo isso o momento ritual, significativo, do momento não ritual em que o homem age individual ou comunitariamente. O rito não é utilitário; não tem finalidade. No momento em que quisermos dar ao rito uma finalidade prática, de quantidade, de arrecadação, ele perde sua força; devemos, pois, deixar o rito ser rito.

O que dissemos da Quaresma vale também para a coleta por ocasião da preparação das ofertas em cada Missa dominical. A coleta em favor da comunidade já era praxe na liturgia sinagogal do Antigo Testamento. E vemos também como no tempo de São Justino, pelo ano de 160, a coleta em favor da comunidade e em favor dos pobres já fazia parte da Celebração Eucarística Dominical.

Mesmo que o sistema do dízimo funcione para atender às necessidades da comunidade eclesial, o rito da coleta na hora do "Ofertório" continuará sempre a ter o seu sentido, pois ele constitui um rito que vale pelo que significa. Colocar uma quantia do que é seu na patena, na bandeja, significa reconhecer que tudo o que somos e temos vem de Deus e para Deus deve voltar; que o homem não é escravo das coisas, mas livre; senhor e rei da criação. Por isso, ele toma algo de seu, do seu trabalho, do seu esforço e o coloca a serviço da comunidade, a serviço de Deus. Ele está celebrando sua capacidade de ser semelhante a Deus, em sua capacidade de doação, de liberdade diante das coisas. Este gesto lembra a ele que deverá viver durante a semana esta atitude de orientar todas as coisas a Deus e de viver em atitude de generosidade em relação ao próximo, a exemplo de Cristo.

Podemos dizer, então, que no gesto, no rito da coleta a comunidade expressa sua atitude de liberdade diante das coisas, sua atitude sacrifical, reconhecendo que tudo vem de Deus e para Ele deve ser orientado. Esta atitude, de conversão a Deus e ao próximo, é uma atitude fundamental para a ação de graças que se segue. Saindo da Missa, o cristão torna-se na sociedade a presença de Cristo em sua doação generosa ao próximo na conquista do mundo e na promoção do próximo. Isto é viver em atitude de esmola.

OS SINOS

Em sua cidade ainda tocam os sinos pela manhã, ao meio-dia e ao cair da tarde? O que significa este dobrar dos sinos? Um convite à oração. É uma piedosa tradição que vale a pena ser conservada e cultivada, se bem-compreendida. Esta oração é chamada também de *Ângelus* porque em latim começa com a palavra Ângelus: "O anjo do Senhor anunciou a Maria". Ou ainda as Ave-Marias. Ela não é nada menos que um pequeno Ofício Divino popular em substituição ao Breviário dos sacerdotes, a exemplo do Rosário.

Senão vejamos. A oração se compõe de três antífonas, três Ave-Marias, um versículo e uma oração final. Em vez dos Salmos do Breviário, portanto, as Ave-Marias. Eis o texto: "O anjo do Senhor anunciou a Maria. E Ela concebeu do Espírito Santo. Ave Maria... Eis aqui a serva do Senhor. Faça-se em mim segundo a vossa palavra. Ave Maria... E o Verbo se fez homem. E habitou entre nós. Ave Maria... Rogai por nós, Santa Mãe de Deus. Para que sejamos dignos das promessas de Cristo. Oremos. Derramai, ó Deus, a vossa graça em nossos corações, para que, conhecendo pela mensagem do anjo a encarnação do vosso

Filho, cheguemos por sua Paixão e Cruz à glória da Ressurreição. Por Cristo Nosso Senhor. Amém".

Temos aqui uma belíssima comemoração do Mistério da Encarnação. Pelas Ave-Marias meditamos a atitude de Maria e a nossa diante deste grande Mistério. A oração final é uma síntese admirável do Mistério da Páscoa. Pedimos a Deus que também nós, tomando conhecimento da Encarnação, e seguindo os Passos de Cristo por sua Paixão e Morte, possamos participar de sua ressurreição e glória.

Se ainda pudermos rezar esta oração em comum, na hora das refeições, por exemplo, ela adquirirá um significado todo especial pela presença de Cristo onde dois ou três estiverem reunidos em seu nome. Rezemos três vezes por dia, nas horas que mais claramente nos lembram o Mistério da nossa Redenção. Pela manhã que nos lembra a Ressurreição, pelo meio-dia que nos lembra a Paixão e Morte e à tarde que nos lembra a Encarnação e sepultura. Basta compreendermos bem o sentido do Ângelus para lhe darmos o devido valor.

Mas os sinos não dobram apenas ao toque das Ave-Marias. Eles chamam os fiéis para a Assembleia eucarística, anunciam a morte do cristão; convocam o povo para outras celebrações, como Vésperas e Bênção do Santíssimo. Dobram ainda para anunciar o dia do Senhor; ou soam solenemente nas grandes festas em que o povo sai às ruas em procissões triunfais.

Os sinos em sua sóbria musicalidade tornam-se símbolo da comunidade reunida, símbolo da fé, símbolo da convocação do povo de Deus para ouvir a sua Palavra e celebrar os seus mistérios.

A BÊNÇÃO

Quando falamos em bênção, pensamos logo em abençoar, em benzer, em receber benefícios. Este é apenas um aspecto da bênção. Em português existem dois verbos: benzer e bendizer. Benzer quer dizer dar a bênção, conceder benefícios, ao passo que bendizer significa atribuir os benefícios recebidos àquele que os concedeu. Bendizer significa, portanto, louvar, enaltecer. Deus nos cumula de bens, de benefícios: a vida, a saúde, os amigos etc. Nós, então, temos a obrigação de atribuir estes benefícios a Deus. Ora, atribuir os benefícios a Deus significa bendizê-lo, louvá-lo, agradecer-lhe.

Por isso, deveríamos distinguir bem entre a *bênção*: os benefícios concedidos por Deus aos homens, as graças, os dons de Deus; e a *bendição*: o ato de atribuir a Deus os benefícios recebidos. A palavra bendição quase não é usada, exatamente porque nossa espiritualidade tornou-se uma espiritualidade voltada muito para nós e pouco para Deus. Usa-se ainda o termo *louvação,* embora com sentido um pouco diferente.

Ora, após termos atribuído os benefícios a Deus, nós pedimos outros bens a Deus. Com isso dizemos: "Ó Deus, vós nos destes tantos benefícios, continuai a mostrar o vosso poder repetindo o que realizastes em nossa vida". Como vemos, este pedido transforma-se também em louvor, pois desta forma reconhecemos o poder de Deus.

Quando, pois, mandamos benzer uma casa ou um carro, temos em vista estes dois aspectos da bênção. Bendizemos a Deus que nos concedeu a vida, a força, a energia de adquirir uma casa. Louvamos a Deus que nos concedeu o benefício de um carro para que possamos servir melhor o nosso próximo; para que possamos andar pelas estradas deste mundo em direção a Deus, servindo sempre a Ele. Após considerar os benefícios realizados por Deus, nós pedimos que Ele abençoe todos aqueles que fazem uso dos bens divinos. O pedido, então, como que brota da ação de graças. A bendição brota do bem recebido ou da bênção, mas o pedido de novas bênçãos como que depende da bendição.

Se considerarmos assim a bênção dos objetos, descobriremos que tudo se transforma e se transfigura; os objetos, as coisas criadas, os benefícios se tornam meios de encontro com Deus, Nosso Senhor, fonte e doador de todos os bens.

A CEIA DE NATAL

Eis um símbolo da Liturgia familiar: a Ceia de Natal. Aproxima-se o Natal. Um dos modos de celebrá-lo é, sem dúvida, a Ceia de Natal em família. Será ela realmente uma expressão de festa do nascimento de Nosso Salvador? Reflitamos um pouco sobre o sentido da Ceia de Natal.

Certo dia, ouvi o seguinte diálogo entre duas jovens amigas: Irene dizia a Teresa: – "Sabe, a Mafalda convidou-me para comer um bolo na casa dela. Ela faz anos. Afinal, para que comer bolo na casa dos outros. Bobagem! Se quiser comer bolo vou à confeitaria e lá posso comer bolo à vontade".

Fez-se um silêncio... Em seguida, Teresa ponderou: "...mas é festa, não?!" E fez-se novo silêncio.

Duas atitudes totalmente diversas. Irene deixava-se levar por uma ação com uma finalidade bem determinada: comer bolo para satisfazer o apetite, para satisfazer as exigências do organismo. Não conhecia outro bolo. Teresa, pelo contrário, via no bolo muito mais. Ele significava uma festa: um encontro, amizade, calor humano, aconchego, felicidade, alegria, convívio.

E a nossa Ceia de Natal? Será ela uma simples satisfação do apetite, será ela um bolo comido sozinho na confeitaria, talvez mesmo num grupo ou um bolo de festa?

Ela quer ser uma ceia de uma grande Festa, a festa pelo maior presente que Deus podia ter dado a toda a humana criatura: seu próprio Filho, Jesus Cristo, o Salvador. Por isso as famílias cristãs se reúnem em festa e a ceia será a expressão da alegria por Deus nos ter enviado o Salvador; a ceia será a expressão daquele dom que Deus nos deu e que nós queremos compartilhar com o próximo. A Ceia de Natal será a expressão do encontro entre o céu e a terra, e dos homens entre si; um convívio dos homens com Deus que o Pai do céu tornou possível, enviando-nos o Cristo caminho, verdade e vida.

No Natal encontram-se o céu e a terra, o divino e o humano em Cristo; mas na Festa de Natal este encontro dever-se-á realizar em cada homem e entre todos os homens. Tudo isso queremos viver e exprimir através da Ceia de Natal. Percebemos então que ela tem um profundo sentido religioso e é natural que a envolvamos numa atmosfera de oração nesta noite sagrada.

Mas, no dia de Natal, há uma Ceia que supera em muito esta ceia familiar: a Ceia Eucarística, em que o próprio Cristo se dá em alimento e que nos transporta além do âmbito familiar. Para que possamos viver intensamente esta Ceia Eucarística é necessário que também a ceia familiar seja uma ceia ritual, cheia de sentido, e não se transforme num mero bolo de confeitaria. A Ceia de Natal é muito mais. É vida e vida com os irmãos em Cristo na alegria santa da salvação universal.

ÍNDICE ANALÍTICO

NB.: Os números indicam a página.

Abluções 16
abraço 46, 65,
aclamação do Evangelho 73
acólitos 53
água 22
água-benta 20
ajoelhar-se 52
aliança 89-90
altar 81-82
andar 50
anel 89-90
ano litúrgico 72
antífonas de entrada e da comunhão 73
"asperges" 20
assembleia 33-38, 54

Banquete 56-58
barro 100
bebida 59
beijo 47
bênção 110-111

bênção dos filhos e afilhados 42
buquê 94

Canto 72-73
canto de ação de graças 73-74
canto final 74
cantores 53
cantos do Ordinário de Missa 74
ceia 56-58
ceia de Natal 112-113
cinza 100-101
Círio pascal 96
coleta 105-106
comentarista 53
comer e beber 56
comida 59
comunhão (canto de) 74
cordeiro 68, 71
cordeiro (canto) 74
coroa 91-94
coroa fúnebre 93
coroinhas 53
creio 74
cruz 39

Dar as mãos 46, 65
diácono 53

Elevar os olhos 47
entrada 73

esmola 105-107
espaço da igreja 38
estar assentado 52
estar de pé 51

Fermento 67
fogo 95-96, 101
fração do pão 66
fumaça 98

Genuflexão 48
gestos com as mãos 45
gestos do corpo 44
glória 74
gotas de água no vinho 62-63
grinalda 92

Imposição das mãos 30-31, 46
incenso 98
inclinações 44

Jejum 103-104

Lamparina 96
lavabo (ablução das mãos) 18
lava-pés 19
leitores 53
luz 13

Mãos elevadas 45
mãos juntas 45
mergulhar 17
ministérios 36
ministro 53
mistura 66-67

Nuvem 98

Ofertório (canto de) 73
óleo 27-29
ósculo 47, 64
ósculo nupcial 87

Palma 93
palma de Ramos 94
pão 59-61
participação ativa 76
partícula 66-69
persignação 40
pessoas 53
pia de água-benta 18
pó 100
posições do corpo 44
presidente 53
prostração 49

Rito 106
rosa 9

Sacrifício 81
salmo de meditação 73
santo 74
santos (culto dos) 92
saudação da paz 64-65
Senhor, tende piedade de nós 74
sepultura 100
silêncio 76-78
símbolo 9
sinal da cruz 40
sinos 108-109
sopro 48

Templo 79-80
terra 100
trevas 13
turíbulo 99

Vela 25
velas acesas 14
vestes 83-85
véu 86-87
véu de noiva 87
véu do cálice 88
véu do cibório 88
véu do sacrário 87
vinho 59-61

Conecte-se conosco:

f   facebook.com/editoravozes

◉   @editoravozes

🐦   @editora_vozes

▶   youtube.com/editoravozes

🟢   +55 24 2233-9033

www.vozes.com.br

Conheça nossas lojas:

www.livrariavozes.com.br

Belo Horizonte – Brasília – Campinas – Cuiabá – Curitiba
Fortaleza – Juiz de Fora – Petrópolis – Recife – São Paulo

EDITORA VOZES LTDA.
Rua Frei Luís, 100 – Centro – Cep 25689-900 – Petrópolis, RJ
Tel.: (24) 2233-9000 – E-mail: vendas@vozes.com.br